墨香财经学术文库

U0674657

平台生态系统变革中的价值创造

Value Creation in Platform Ecosystem Change

张一进 著

东北财经大学出版社 大连
Dongbei University of Finance & Economics Press

图书在版编目（CIP）数据

平台生态系统变革中的价值创造 / 张一进著．—大连：东北财经大学出版社，
2024.4

（墨香财经学术文库）

ISBN 978-7-5654-5211-6

Ⅰ.平…　Ⅱ.张…　Ⅲ.电子商务-研究　Ⅳ.F713.36

中国国家版本馆CIP数据核字（2024）第065162号

东北财经大学出版社出版发行

　　大连市黑石礁尖山街217号　邮政编码　116025

　　网　　址：http://www.dufep.cn

　　读者信箱：dufep @ dufe.edu.cn

大连图腾彩色印刷有限公司印刷

幅面尺寸：170mm×240mm　字数：102千字　印张：7　插页：1
2024年4月第1版　　　2024年4月第1次印刷
责任编辑：孙　平　　　责任校对：吴　奂
封面设计：原　皓　　　版式设计：原　皓
定价：48.00元

教学支持　售后服务　　联系电话：（0411）84710309
版权所有　侵权必究　　举报电话：（0411）84710523
如有印装质量问题，请联系营销部：（0411）84710711

前言

随着共享经济和大数据等信息技术的发展，企业的商业模式展现出了新的特征，"新"的商业模式成为经济主体的主流发展模式。传统企业之间的竞争逐渐转变为以互联网平台为载体的"商业生态系统"之间的竞争，这些竞争主体通过核心平台构建多边市场，形成了一类特殊的系统——平台生态系统。平台生态系统通过参与主体的多边性、交叉网络的外部性、用户的多归属性和服务的信息产品特性等独特的经济学特征，在市场竞争中展现出了无穷的魅力。国家、企业、个人的财富创造和分配方式、经济运营模式以及生产生活方式都因为平台生态系统的出现而发生了翻天覆地的变化。然而，平台生态系统在创造更多可能性的同时，也为学术研究带来了挑战。传统的企业理论无法解释平台生态系统的某些特性和行为，诸如平台共享的资源获取方式、平台生态系统价值逻辑的非线性、平台生态系统组织形态的变化、边界模糊性与治理模式等。

鉴于此，本书从平台生态系统与传统企业在组织变革过程中价值链形态和价值创造的对比分析入手，围绕"平台生态系统变革过程中如何创造价值"这一问题，逐步探究以下内容：（1）组织变革视角下平台生态系统与传统企业组织形态和价值链形态的变化有何不同？（2）平台生态系统价值创造的重要特征和影响机制是什么？（3）如何通过定量和定性分析对平台生态系统价值创造影响机制进行论证和应用？

本书整合企业资源观、能力观、交易成本论、博弈论等，采用文献研究、演化博弈、生态位等方法，对上述问题进行深入研究。各章的具体内容如下：

第1章，绪论。本章主要阐述研究背景、研究问题，以及研究意义。

第2章，价值创造、平台与平台生态系统。本章主要对价值创造理论、平台和平台生态系统进行阐述。

第3章，平台生态系统与传统企业价值创造对比分析。本章对比了传统企业与平台生态系统组织变革和价值链的发展过程，提出平台生态系统价值创造的重要特征和影响机制。传统的价值链与平台生态系统的价值链形态的主要不同之处在于用户资源、成员间关系以及边界模糊性等。平台生态系统的用户资源是价值创造的重要特征，同时，核心平台处理与伙伴集合之间关系的协调能力也是平台生态系统价值创造的重要影响因素。系统内治理模式会通过正式和非正式的制度安排，激励系统内成员建立长期稳定的以信任为基础的合作关系，是价值创造过程的"催化剂"。总结下来，本书将平台生态系统价值创造的影响机制分为两个维度：实现机制（用户资源、协调能力）和动力机制（治理模式）。

第4章，平台生态系统价值创造的动力机制：治理模式。本章对平台生态系统价值创造的动力机制（治理模式）进行分析，选择演化博弈方法建立"平台-供应商""政府-平台"两个演化博弈模型，构建不同策略下的成本收益矩阵，明确核心平台与相关利益群体之间的矛盾和化解措施，并进一步总结出平台生态系统变革过程中治理模式的发展，即"平台自治—政府主导—多元化共治"，以及治理模式对价值创造过程的驱动作用。

第5章，平台生态系统价值创造的实现机制：资源与能力。本章对平台生态系统价值创造的实现机制（用户资源和协调能力）进行分析，并通过实证方法进行评估。平台供应商会由于数量增多出现拥挤效应，此时就需要平台协调能力的介入来维持生态系统的发展，因此平台协调能力是此时价值创造的实现机制。本章选择企业生态位方法构建平台生态系统价值创造实现机制模型并进行评估分析，从资源与能力视角在用户资源和协调能力基础上添加其他财务与非财务指标，运用熵值法和突变级数法构建平台生态系统价值创造实现机制的评价指标体系和模型。

第6章，研究结论与展望。本章总结了本书的主要研究结论和未来研究方向的展望。

由于作者水平有限，书中疏漏之处在所难免，敬请读者提出宝贵意见，以便改进。

张一进

2024年1月

目录

第 1 章 绪 论

1.1 研究背景

在电子商务发展的基础上，互联网技术为传统商业带来了新的契机，互联网所提供的服务平台使传统线下交易转向线上服务，不仅使交易场所发生了转变，同时延长了交易的服务时间，丰富了交易的品类，拓宽了交易市场，减少了中间环节。这一切也引发了商业模式的转变，进而出现了一种以平台为基础的全新生态系统。

早期人们往往将平台分为有形平台和无形平台两大类别，其中像实验操作平台、火箭发射平台等都属于有形平台，而技术研发平台、操作系统平台等都属于无形平台。随着经济与信息技术的发展，平台逐渐被经济学、管理学等领域赋予了新的概念。1992 年，Wheelwright 等人在论著中将平台定义为：能够根据消费者需求来增加、替代或消除一些功能，实现生产产品流程的逐步完善[1]。随后，互联网技术的诞生又为平台注入了新的内涵，平台具有了更大的规模、产生了更深远的影响，打破了企业经营的时空界限，同时作为一种新兴的组织类型，能够更好地满足不断涌现的用户需求，并出现了诸如电子商务平台、银行卡协会、视频游戏平台、中介平台等企业。这些新兴企业都拥有多个用户市场，而用户市场的需求间又存在着交叉重叠的现象，因此可以说，平台和这些用户群体等参与者共同组成了平台生态系统。平台生态系统是从核心平台的价值主张开始，考虑到其实现可能需要的行为，得到对应的多边伙伴集合的加入和协调，从而形成的具有产业化趋势的共生组织。系统成员通过优势互补、共享资源、共担风险以及共享收益实现互相协作的共赢发展。

从第一次和第二次信息革命看平台的发展历程，Baldwin 等人的研究表明[2]，在第二次信息革命时期，平台承担了将原有的单一"生产者创新"发展为"用户创新"和"开放式创新"的功能，因而平台成为共享经济实现的基础。总结来说，平台依托新信息基础设施和新生产要素，实现了两次信息革命的蜕变：第一次信息革命突破了传统大企业的封闭，实现了集中控制的信息化模式，为第二次信息革命奠定了基础；第二次信息革命针对的对象更微观，平台通过为其他企业和个人服务，激活了新的生产力，提高了生产效率，是新经济社会"赋能"新征程的支柱和引领者[3]。

在中国的经济社会环境下，中小企业占据很大比例，平台生态系统能够将数量众多的中小企业集合起来，这些中小企业通过平台实现与用户的交易，并不断开发长尾市场扩大规模，最终超过临界点实现递增效益。可以说，平台生态系统将为中小企业的生存发展提供庞大的共享设施、技术、信息等，赋予中小企业发展的能量，同时，也不断吸引新的中小企业利用平台，涌现出更多适应平台模式的小企业，使其拥有持续发展的空间。目前，平台生态系统代表主流的企业发展模式，是中国经济社会领域下企业战略转型和业态创新的方向，是中国新经济形态的支柱和领跑者。

1.2 研究问题

互联网经济时代相比于传统工业时代已经发生了巨大的转变，平台及平台生态系统在资源获取方式、价值逻辑、组织形态以及治理模式等方面体现出了不同的特点，因此，本书将以这一类问题作为研究对象进行论述。

1.2.1 资源获取方式的改变

企业获取资源包括资源寻取型（Resource-Seeking）及资源拼凑型（Bricolage）两种方式[4]。传统工业经济时代，企业多是属于资源寻取型，而互联网经济时代则更偏向于资源拼凑型，诸如链家网、闲鱼、滴滴打车等，都是将社会冗余资源重新整合，进行更有效的匹配，从而实现共享经济。

1.2.2 企业价值逻辑的改变

虚拟平台市场的出现打破了传统的二八定律，原本80%的长尾产品、小众产品在平台市场中因为消费者数量的无限扩大而具备生产规模效应[5]。市场参与主体发展为用户、顾客与厂商在长期生产过程中相互影响进行价值创造，逐渐成为价值创造的来源，改变了传统企业的价值逻辑[6]。在互联网经济时代，平台呈现出三角形交易逻辑，而非传统的线性逻辑[7]，如图1-1所示。

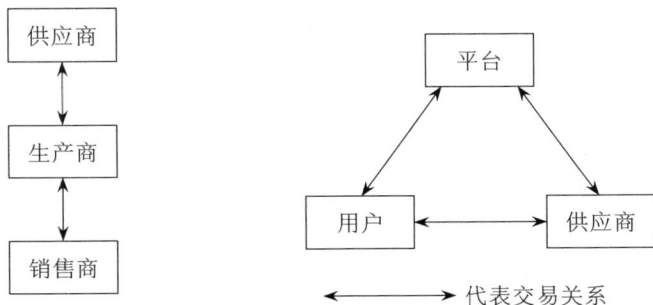

图 1-1 传统线性逻辑和平台三角形逻辑图

1.2.3　企业组织形态的改变

传统企业的组织形态转变过程往往是从"小规模经营"[8]开始，发展到"大规模组织协作"，最终发展为"模块化整合资源"[9]。作为互联网经济主力的苹果、谷歌、小米、阿里等平台生态系统的"爆炸式增长"颠覆了这一过程，并发现在企业组织形态转变中，"大规模化组织协作"已经不再是企业成长的必经阶段。同时，不同于传统的战略联盟、纵向一体化以及模块化过程，平台商业模式以平台为中心进行创新和大规模商业化行为，组织与外部环境的界限越来越模糊[10]。

1.2.4　传统治理模式与管理理念的转变

平台的出现违背了传统的市场结构理论和以往的反垄断规制实践，对传统的治理模式与管理理念提出了挑战。例如，针对新兴业态下平台生态系统，在税收、信用、市场准入、监管等方面还需逐步完善，同时平台生态系统本身的性质和行业属性的不确定性又导致很难在原有的法律法规范围内进行界定，在相关的治理工作遇到难题的同时，治理模式的滞后也会阻碍平台生态系统的发展[11]。

本书从组织变革的视角分析平台生态系统在变革过程中价值链形态的变迁以及价值创造机制，具体的研究问题细分为如下三个：

第一，组织变革视角下平台生态系统与传统企业组织形态和相关价值链形态的变化有何不同？

第二，平台生态系统价值创造的重要特征和影响机制是什么？

第三，如何通过定量和定性的分析对平台生态系统价值创造影响机制进行论证和应用？

1.3　研究意义

1.3.1　理论意义

平台生态系统代表了新的价值创造模式，是新经济社会中企业组织结构和成长模式的主流趋势，是企业得以实现持续发展和获取竞争优势的关键。从组织变革视角将平台生态系统和传统企业的价值创造机理进行对比分析，有利于丰富平台生态系统价值创造的研究内容；核心平台协调能力的引入为研究平台生态系统的可持续发展及组织形态的变化提供了新的视角和方法；企业生态位研究方法的应用也为评估平台生态系统价值创造影响机制的相关问题提供了不同的视角。因此，本书旨在为平台生态系统价值创造机理提供新的解释方式。

1.3.2 实践意义

本书从组织变革视角出发，通过与传统企业价值创造逻辑的对比分析平台生态系统价值创造的重要特征和影响机制，通过定量方法验证平台生态系统价值创造的实现机制及动力机制，并结合案例数据进行实证分析，为平台管理者观察和深入理解平台生态系统的发展规律和价值创造机理提供了新的视角和理论范式，有助于平台管理者全面理解和把握组织变革视角下平台生态系统的价值创造逻辑，在管理实践中制定正确的发展战略和采取更有效的策略，也为传统企业的平台化转型起到了一定的启示作用，实现更为契合实际的管理应用。

第2章 价值创造、平台与平台生态系统

本书的研究对象是平台生态系统，要解决的核心问题是平台生态系统价值创造的影响机制，因此，本章主要从价值创造、平台及平台生态系统等几个方面进行相关理论介绍。

2.1 价值创造

传统的价值创造理论是以能够用货币进行计量的商品交换价值作为研究对象的，不同企业的利润往往存在较大的差别，那么为了探究这一现象的原因，则需要讨论企业的价值是如何创造出来的并如何在长时间内保持其有效性，这也正是价值创造视角要研究的内容，在此基础上，形成了针对企业价值创造的不同研究视角。

2.1.1 生产要素视角

商品价值在古典经济学中存在两种观点：一种是供给决定论；另一种是需求决定论。供给决定论关于价值的来源又分为劳动价值论和要素

价值论。劳动价值论认为商品价值是生产出来的，来源于生产过程的劳动；要素价值论认为商品价值不只来源于劳动，也包括生产过程的其他要素，诸如资本、土地等。这两个理论虽然在价值的来源上各有不同的看法，但是共同之处在于都承认生产过程的全部要素共同参与产出的过程，即无论产出增加或减少都应该研究与其有关的全部生产要素。价值的主要创造要素虽然随着时代的变迁在不断改变，但是所有的生产要素必须协同合作，才能创造价值[12]。

2.1.2　流程视角

流程视角研究如何将投入转化为对顾客有价值的产出，常用的分析方法有价值链、价值网等。价值链（Value Chain）概念最早出现于1985年《竞争优势》一书，由迈克尔·波特针对垂直一体化公司提出的，主要强调单个独立企业的竞争优势问题[13]。他认为，企业以产品为主体所进行的研发、设计、生产、采购、制造、销售、服务等一系列活动都可以用价值链进行表示，而构成价值链的各个环节与要素都是以实现企业价值创造为目的的。

当行业界限越来越模糊的时候，传统价值链无法解释跨行业竞争的状况，同时基于传统价值链理论构建的商业模式也无法满足个性化和多样化的用户需求。另外，随着信息技术的发展，以信息交换为服务方式的电子商务等企业无法应用价值链理论。因此，1997年，Adrian Slywotzky在其出版的书籍中提出了价值网络（Value Network）的概念[14]，即将过去的价值链与供应链升级为价值网。

价值网对价值链的概念进行了延伸与扩展，将企业从传统线性思维的价值链概念中扩展到网络整体性当中，即考虑到企业不仅与其他主体存在竞争关系，同时通过合作等方式能够使企业获得更多的利润增长点。在价值链理论中，价值分配是企业获得价值的途径，即通过企业与上下游供应商、客户以及互补者之间的竞争获得相应价值。而在价值网理论中，企业也能够通过与互补者、供应商、客户等其他参与主体进行合作进而实现价值创造的过程。可以发现，在价值网概念下，企业能够获得盈利的途径与空间都在一定程度上得到了拓展，这也是符合市场发展客观规律的。

具体来讲，价值网与价值链的区别主要有三个方面[15]：首先，价值网强调了客户的地位与作用，客户需求是价值网的驱动要素。其次，价值网中互补者也比较重要，其不仅能帮助焦点企业明确市场定位，也能够促进企业成本的降低与优化，进而使整个价值网络得到增值。最后，在价值网络中更加强调合作的概念，随着市场边界的模糊化，跨界合作已经成为发展的趋势与必然。

2.1.3　顾客视角

随着网络信息技术的发展，营销、人力资源管理、基础设施建设等要素虽然依然是价值创造的环节，但是顾客的影响逐渐占据价值创造要素中的主导地位，顾客需求的多样化使得资本和大规模化生产逐渐被营销渠道和定制化个性生产所取代，顾客成为价值创造的主要来源并催化了价值创造生产方式的改变。

2.1.4　财务视角

企业价值在财务学上代表企业被社会所接受的程度，主要是对企业价值的计量。企业价值评估比较认可的方法有四种：一是基于现金流量的企业价值观；二是基于经济增加值的企业价值观；三是基于 Tobin's Q 的企业价值观；四是基于期权定价的企业价值观。

2.2　平台的概念与分类

2.2.1　平台的概念

平台是一种交易空间或场所，是一个多元的概念，既可以是产品、服务、组织，也可以是商业模式与战略，既可以是现实的，也可以是虚拟的，其通过开放端口以及实施相应的补贴策略吸引参与者加入到其所形成的双边市场中，为双边用户群体提供产品与服务交换的桥梁，并制定统一的标准与动态补贴策略来控制和促进双边用户的交易，最终达到收益最大化。平台是网络时代市场资源整合和商业模式创新的重要产物，是传统自在市场自觉意识觉醒和自主品格升华的经济结果。

平台具有以下两个特点：①平台是连接用户和厂商的第三方中介，具有很强的独立性和公平性。平台保持公平客观的中心立场有利于保障参与者与平台共同的利益最大化，提升平台用户的信任度，从而获得更大规模的网络效应和市场份额，在竞争中取得成功。②平台构建的双边市场具有交叉网络效应以及非对称性价格策略的特点，这些经济学特点决定了平台双边用户规模的扩大会提高平台的价值，并且带来递增效益，数量增多和质量提高反过来又会吸引更多的用户，形成正反馈机制，平台的网络效应特征提高了用户黏性和平台忠诚度，在短期内形成赢者通吃的局面[16]。

2.2.2 平台的分类

不同的学者按照不同的分类方法，将平台分为不同的类型。其中，具有代表性的几种观点描述如下：

Evans[17]将平台企业分为市场制造者、观众制造者和需求协调者。市场制造者将不同市场的用户连接起来实现交易，例如易趣；观众制造者连接广告商和观众，例如杂志、网络门户；需求协调者自身制造产品或服务，吸引不同市场中的用户并通过用户的网络外部性不断做大做强，例如支付系统。Rochet & Tirole[18]、Armstrong[19]等创立了基于功能的平台模式的四分类说：一是包括电子商务平台、房地产经纪、出版社在内的交易类平台；二是包括电视、报纸、媒体、门户网站等在内的媒体类平台；三是包括银行卡在内的支付类平台；四是包括操作系统、视频游戏等在内的软件类平台。徐晋[20]根据平台的开放程度、连接性质以及功能提出了三种不同的分类：根据开放程度可分为开放平台、封闭平台和垄断平台。开放平台中的市场买方和卖方可以随时进入平台市场；封闭平台的市场成员会组织后续的加入者进入平台市场；垄断平台的所有市场都由垄断者控制，分为单寡头垄断和双寡头垄断。根据连接性质可分为纵向平台、横向平台和观众平台。纵向平台会通过各种促销增值业务手段促进"卖家"和"买家"之间的交易，例如购物中心、游戏控制台；横向平台促进不同组成员的相互交流和组合，例如电子邮件系统；观众平台通过为观众设置（免费）服务和商品来获取目标客户，而这种（免费）服务与商品一般都是由商户投资，例如电视频道、网络搜索引擎。基于功能视角可分为电子商务平台、门户网站、搜索引擎、通信平台、操作系统平台、人际交往平台、电子支付平台、求职平台、媒体平台、购物平台、娱乐平台、城市经营平台等。Roson[21] 认为平台企业可以分为垂直一体化平台和独立拥有的平台两大类。垂直一体化平台是指那些中间层和两端层都拥有的平台。在垂直一体化平台的基础上，销售商和消费者可根据自身建立的平台来促成交易，这样可在一定程度上节约交易费用。而独立拥有的平台是指仅由中间层组织的参与者拥有的平台。Thomas、Parker 和 Alstyne[22] 以所有权形式和技术兼容作为研究重点，将平台划分为私有平台和联合赞助两种类型。私有平台仅有一个平台提供商提供服务；联合赞助是指几个不同公司通过技术兼容的形式来分享平台提供的服务。吴昌南[23] 根据平台参与方拥有信息的完全情况将平台分为后台封闭式、陈列敞开式和半敞开式三种类型。通常后台封闭式平台掌握两边用户的所有信息，而高收费的一边用户只拥有不完全信息，如电子商务平台，平台会拥有完整的消费者注册数量的信息，而加入平台的企业作为双边市场的另一边并不能拥有完整的消费者注册数量信息；陈列敞开式平台的三方都掌握较为完全的信息，如人才市场、菜市场、超市；半敞开式平台，如证券交易平台、导航网站，平台掌握网民接入数量和接入网站数这两个完全信息，网民也拥有平台上的网站数量完全信息，网站接入平台后可拥有流量规模信息。

平台分类说的主要观点见表2-1。

表2-1 平台分类

序号	学者	依据	分类
1	Evans	双边市场类型	①市场制造型：易趣 ②观众制造型：网络门户 ③需求协调型：支付系统

序号	学者	依据	分类
2	Rochet&Tirole Armstrong	平台提供功能	①交易平台：电子商务 ②媒体平台：电视 ③支付平台：银行卡 ④软件平台：操作系统
3	徐晋	平台开放程度	①开放平台 ②封闭平台 ③垄断平台
4	徐晋	连接性质	①纵向平台：购物中心 ②横向平台：电子邮件 ③观众平台：搜索引擎
5	Roson	所有者形式	①垂直一体化平台 ②独立拥有的平台
6	Thomas、Parker 和 Alstyne	所有权形式和技术兼容	①私有平台 ②联合赞助
7	张小宁[24]	平台被应用的情境	①产品平台②供应链平台 ③产业平台④多边市场平台
8	吴昌南	平台参与方拥有信息情况	①后台封闭式：电子商务 ②陈列敞开式：人才市场 ③半敞开式：证券交易平台
9	田洪刚[25]	平台服务半径的硬性约束与产业的不同（针对产业链中的平台分化研究）	①资源带动型：门户网站 ②供需催动型：淘宝 ③技术推动型：iOS操作系统 ④综合联动型：利丰

2.3 平台生态系统

关于平台生态系统的研究最早源于商业生态系统，1993 年，由

Moore等人最先提出商业生态系统的概念。他们认为商业环境也可以被视为自然生态系统，在这个系统内企业需要面对随着技术发展及全球经济一体化带来的各项竞争与挑战。整个商业环境也会由原来的静态向动态发展，因此，在这一局势下企业唯有通过合作才能寻求出路。自此之后，商业生态系统的概念就被广泛应用于相关的研究中，特别是在双边市场领域、模块化领域及具体的生态结构研究领域。1995年，法国电信公司总裁Lombard首次将商业生态系统的概念应用到网络平台领域的研究中，并将信息和通信技术产业划分成设备、网络、服务、内容四个层面。自此，平台生态系统的概念产生了，事实上平台生态系统是商业生态系统的一种表现形式，其具备商业生态系统的一般特性，又具有其独特之处。

平台生态系统与商业生态系统两者最大的不同就是商业生态系统多用于具备链式结构的实体企业或产业，而平台生态系统多用于以互联网技术为支撑、以服务为输出的平台企业或相关信息产业研究，平台生态系统的研究对象不再属于产品导向模式，组织结构也更偏向于扁平化，最大的特征及不同就是网络外部性。平台生态系统和商业生态系统的共同点都是人造的生态系统，但是与自然生态系统一样也都具备稳定性和自组织等特征，系统内的组成成员既存在竞争的关系，也存在合作的情况。

Adner[26]在JOM上发表的一篇综述考虑了平台生态系统中的价值创造模式，他不认同传统的关于生态系统的定义是将生态系统作为一种隶属关系，认为把生态系统作为隶属关系的定义与网络、平台、多边市场的定义和特征有所混淆。Adner在自己之前的生态系统相关研究的基础上，从结构主义研究路径对生态系统这个构念进行了界定，认为生态系统是由需要相互作用的多边合作伙伴组成的结构，目的是实现核心平台企业的价值主张。具体内容包括如下几个部分：

（1）"协调结构"

生态系统中参与者已经定义了位置和活动流程，协调是他们在这些位置和流程上相互同意的程度，不同的参与者会有不同的最终状态和最终目标，这也说明了参与和协调的区别。一个成功的生态系统就是所有参与者都对自己的位置感到满意（即至少暂时达到帕累托平衡）。因此，协调不仅是指能够相互兼容，也是参与者对于流程结构认同的解释。

（2）"多边"

生态系统本质上是多边的。这不仅意味着多元化的合作伙伴，而且意味着一系列不能分解为双方互动集合的关系。对于生态系统结构来说，重要的是在这些关系之间存在一个关键的相互作用。例如，对于A、B和C方，分析A和B之间的关系而与C隔绝将导致错误的结论。

（3）"伙伴集合"

定义了参与者资格并不意味着完整、不变或无争议，相反，这意味着系统中的参与者将共同创造价值作为总体目标，目标可能会也可能不会最终实现。伙伴的定义属性即价值主张依赖于这些参与者的加入，无论他们是否与核心企业有直接联系。

（4）"价值主张"

生态系统中的参与者会明确知道专注于价值主张，努力实现目标就是得到承诺的利益，这也说明了生态系统能够维持一定分歧程度，并且仍然产生所承诺的价值。生态系统结构的价值主张决定了生态系统的内生边界。

因此，基于以上观点，平台生态系统是从核心平台的价值主张开始，考虑到其实现可能需要的行为，得到对应的多边伙伴集合的加入和协调从而形成的具有产业化趋势的共生组织。系统成员通过优势互补、共享资源、共担风险以及共享收益实现互相协作的共赢发展。

第3章 平台生态系统与传统企业价值创造对比分析

3.1 传统企业组织变革与价值链解析

3.1.1 传统企业组织变革历程

（1）组织变革理论的演变

组织变革理论经历了三个主要的阶段，即古典组织变革理论、新古典组织变革理论和现代组织变革理论。

①古典组织变革理论主要包括以弗雷德里克·泰罗为代表人物的科学管理理论、以亨利·法约尔为代表人物的行政管理理论及以马克斯·韦伯为代表人物的官僚主义。古典组织变革理论出现之前，工厂更多的是对工人的控制而不是注重于生产的效率，工厂的特征就是资本家的专制、劳动分工以及劳资之间的对立关系。这迫切需要一种有效的、低成本的手段，能够让工人接受并可以改善劳资关系，古典组织变革由此

产生。

首先是泰勒的科学管理，其主要内容是建立一套以工时为基础的日工作标准。泰勒科学管理的目的是提高工人完成上面下达任务的效率和生产率。泰勒提出组织内所有成员都应该遵守这套规则，规则要具备一致性和公平性，保证管理者能够获得最大限度的财富，工人也能获得最大的利益。但是，泰勒的理论并没有得到广泛的支持，应用甚少。

与泰勒不同的是，法约尔的理论重点不是生产效率，而是组织整体的管理与控制。他最主要的贡献在于提出了以下理论：一是从经营职能中独立出管理活动；二是提出管理活动所需的五大职能；三是提出了14条管理原则。同时，韦伯提出的行政组织更强调官僚主义，侧重于组织所处的整体社会环境的权力结构，认为组织的官僚主义是最正确和最有效的。

三者不同点是：泰勒主要侧重于生产效率方面，法约尔强调组织整体管理层面，而韦伯关注于资本与权力主导的社会环境对组织的影响，把组织要完成的详细任务和管理组织的一般原则结合了起来。

②新古典组织变革理论的主要内容是行为科学的发展，以著名的霍桑实验为开端。这一理论的主要代表人物有梅奥、马斯洛、巴纳德和利克特等人。霍桑实验是关于人际关系的实验，它发现工人不只是受金钱刺激的"经济人"，其个人的态度在决定其行为方面起重要作用，良好的人际关系能够激发工人的积极性，提高生产效率，并由此提出了人性化的工作设计方法，主旨是既要满足工人们经济上的需要，又要满足他们心理上的需要。由此，利克特后来提出第四系统理论，即参与型管理，认为管理者和工人应该建立一种相互协作、相互扶持的良好人际关系，强调集体决策的力量，公司目标应该是在充分调动大家积极性的基础上所共同认可设定的。20世纪六七十年代，经济和技术快速发展，小企业逐渐向规模化的大企业发展，竞争激烈，权变理论由此诞生，它认为组织具有一定的开放性和灵活性，其发展受到某一时间段特定的情境变量的影响，同时这些变量随组织变化而变化。学者们普遍同意三个关键变量对组织的结构最重要：环境的不稳定性和依赖性、技术、规模。

③现代组织变革理论的探讨。进入20世纪80年代，日本经济和日

本企业在世界上取得了不小的成绩，日本企业的崛起给西方世界的企业带来了挑战，很多西方学者开始研究日本企业的管理模式和成功的关键因素，最终得出结论认为日本企业的成功离不开企业文化和员工的忠诚，强调人的主观能动因素和精神力量。与此同时，还出现了关注培植和发展企业核心能力的权变组织变革理论以及注重组织学习的学习型组织理论。最富有争议的是哈默的流程再造理论，将企业以职能为中心的传统结构转为以流程为中心的结构，改变了企业的经营方式和管理方式，再造就是对战略、增值营运流程，以及支撑它们的系统、政策、组织、结构的快速、彻底、急剧的重塑，以达到工作流程和生产率的最优化。企业再造的核心思想有两个：一是对企业原有的业务流程的重新塑造，包括进行相应的资源结构调整和人力资源结构调整，使企业在盈利水平、生产效率、产品开发能力和速度以及顾客满意度等关键指标上有一个巨大进步，最终提高企业整体竞争力。二是对企业业务流程的重新塑造，使企业不仅取得经营业绩上的极大提高，更重要的是，使企业形态发生革命性的转变，其内容是：将企业原以职能为中心的传统形态转变为以流程为中心的新型形态，实现企业经营方式和理念的根本转变[27]。

（2）组织结构形式的变革

传统的垂直整合体系中，企业通过建立复杂的层级结构来实现部门间的协调和规模经济。具体的组织结构变革历程是：

早期的古典企业以家庭式作坊为主，具有以下特征：①规模小、人员少；②投资者也是作坊的管理者，有时间和精力来管理作坊内的一切人和事物，包括具体的工具和设备，事无巨细，掌握作坊的一切管理权力；③投资者不仅从事管理工作，也参与生产劳动的过程；④作坊所提供的商品类别比较少，一般只有一种或少数几种，品类单一。这些特征决定了企业初期的组织结构只能是作坊式为主，没有必要设置过多的职能部门，商品的生产依靠作坊内所有人的共同协作，分工具有随机性，并不明确。

工业革命的到来和社会环境的发展给企业带来了诸多影响：首先是技术的进步。产业革命先后在西方发达国家完成，机器生产逐步取代手工劳动，作坊式小企业向大企业发展。其次是人力数量增多。人们寿命开始延长，人口数量剧增，一部分农民为了提高收入放弃农耕进入工业行业，同时工业的快速发展占据了大面积的农田，部分农民不得不放弃农业生产，进入工厂工作。最后，技术的进步和低成本而丰富的人力资源导致早期的企业积累了大量的财富。由于供不应求，企业也不需要担心市场的问题，只要管理适当，都可以获得很高的利润。

以上变化给企业带来的结果是：①作坊式小企业向大型企业发展，规模扩大。②产品类别丰富，企业之间出现竞争。③管理和财务出现风险问题。企业的规模化发展使得企业主无法再事无巨细地管理企业的每一项事务和人员，于是企业主从事务性工作中脱离开来，只负责企业的最终决策和日常管理工作。此时，企业内部开始设立专门的职能部门和专职人员，只从事企业事务性方面的工作，企业由传统的扁平式作坊转变为管理层次逐渐复杂的金字塔式科层结构，即层级制组织形式开始出现。

层级制组织形式最初呈直线职能制，开创者是法约尔。直线制的特点是对企业内部的事务性工作进行了明确的职能部门和专业人员的分工，职责划分明确，命令系统高度统一，管理层权力集中，有利于管理人员对企业进行严格的控制。其缺点是由于部门增多，横向协调困难，信息流动速度慢，决策与实施行动脱节。层级制组织结构类似于金字塔，塔尖是企业重大决策的制定者即管理人员，塔身是各职能部门、车间以及班组等形成的梯形结构，塔底为一线工人。

为了避免直线职能制的弊端，一些企业经过探索逐渐演变出事业部制、联邦制和矩阵制的组织结构形式。其中事业部制是由斯隆对通用汽车公司进行改组所创立的组织结构形式，迄今为止依然被一些大型企业所应用。其特点是根据产品或顾客群体进行企业单位部门的分组，由总部集中决策，不同事业部在总部政策导向和制度限制范围内拥有自主经营权和一定的管理权力，优点是对比直线制更具备灵活性，利润独立核算有利于产品的专业化生产和事业部之间的良性竞争，缺点是增加了企业总体的开支，容易造成本位主义。联邦制组织结构模式的特点是以地区为单位来设立经营单位和管理机构，地区的子企业成为独立的经营实体，要求地区经营者有比较高的综合能力和素质。这两种组织结构模式都是对直线职能制的集权制进行了改革，彻底将中央集权进行了下放，缺点是进一步增加了金字塔的层级结构，不利于信息的流动与上下级部门之间的沟通。针对这一缺点出现了矩阵制组织结构，即将传统的直线职能制中的单一直线垂直领导机制通过分权转变为两个层次的交叉领导体制，每位员工同时受两位主管的领导，将单层次垂直领导机制中产生分歧的协调权交给分歧双方的主管，减少了纵向管理的层次，提高了管理的实效性。无论是直线职能制、事业部制还是联邦制组织结构模式，虽仍被现在大型企业所采用，但本质上都属于层级制组织结构，都具有决策权集中于金字塔塔尖的管理人员和塔身的各职能部门、命令纵向下达、信息流动缓慢、横向沟通困难、灵活性较差的特点。层级制组织结构中的员工还处于听令于领导的状态，没有自主权和建议权，不利于发挥员工的积极性和创新性。面对日益多变的企业外部环境，组织结构的变革已成为提高企业应变能力的一种重要手段。

企业金字塔式组织结构在20世纪初出现很多问题：①供大于求。除了发达国家占据一部分市场，发展中国家的很多大型企业也加入进来，导致产品的生产供大于求，产品无法满足顾客逐渐多样化的需求。同时，大型企业由于规模扩大，部门和层级增多，部门之间协调愈加困难，官僚主义盛行，员工缺乏创新精神，企业无法灵活应对市场变化。②兼并趋势下产生了一系列跨国巨型企业，但是其效率低下的现象导致学者开始质疑需要大量资本运行的多层次组织结构对企业效益的有效性。③在市场竞争中，坐拥巨额资本、先进技术和丰富人力资源的大型企业却往往不敌灵活的小企业。大型企业生命周期的短暂使得人们对金字塔式组织结构产生怀疑。④通信、交通等发展迅猛，地理空间不再是不可逾越的问题，多层次结构信息沟通不畅逐渐成为企业发展的障碍，使企业丧失许多机会。⑤计算机逐渐得到普及，互联网技术开始渗透到企业管理的方方面面，诸如库存管理、生产调度、销售以及财务会计等，顾客开始参与到企业的产品设计中，企业与市场的边界逐渐被打开。此时，企业的商业模式、与外界的联系方式、业务流程都发生了巨大的变化。

在这一背景下，企业组织变革出现了两种重要趋势：一是大企业将很多非核心业务进行外包，逐渐分裂为若干个小企业，管理层级减少；二是在不改变大型企业的边界和规模的条件下，对企业组织结构进行调整，由此产生两种组织结构模式。一种是业务流程再造组织，另一种就是虚拟组织。虚拟组织的价值链形态不再等同于传统单向流动的价值链体系，互联网平台的出现也导致组织结构设计将围绕价值流的走向而不是以职能分工为主，地理界线逐渐模糊，企业的一切资源都可以通过互联网技术连接起来[28]。

传统企业组织变革理论和组织结构形式的变化见表3-1。

表3-1　　　　　　　　**组织变革理论与组织结构形式的变迁**

组织变革时期	理论（代表人物）	组织结构
古典	泰勒——科学管理 法约尔——行政管理 韦伯——官僚集权	层级组织： 直线职能制
新古典	巴纳德 霍桑实验 马斯洛——需要层次论 利克特	层级分权组织： 事业部制 联邦制 矩阵制
现代	哈默——流程再造 权变 学习型	业务流程再造 虚拟组织

总之，传统大型企业虽然是以层级结构为主，但是在技术不断更新、社会经济环境不断变化的情境下，也呈现出网络化、扁平化、灵活化、多元化和全球化的趋势。组织变革就是根据环境的变化探索更为适宜企业进行可持续发展、增强企业综合竞争力的组织结构、战略工具、组织文化等，提高企业对环境的应变能力和企业不断创新的竞争优势。

3.1.2　传统企业变革中的价值链解析

企业是由实体要素和虚拟要素组成的集合体，其生存发展的终极目标就是实现最大化利润[29]。企业生产产品的最初流程是"全产业链"生产模式。波特将价值增值过程中的活动分为基础活动和支持性活动，这两类活动构成了企业的价值链，同时，价值链也可以被分为有形价值链和无形价值链，有形价值链包括采购、生产、销售等，无形价值链包括市场中的一系列活动，例如收集、组织和分配信息等。这些活动之间相互联系，共同作用而创造价值，构成了价值流的行为链条，并以利润为价值链的最终目标。之后，Peter Hines 对价值链进行了新的理解和定义，认为价值链是"集成物料价值的运输线"。与波特定义的价值链对比，首先在于新定义的价值链目标是顾客对于产品的需求，利润是这一目标导致的副产品，而波特所定义的价值链只停留于把利润作为主要目标。其次，波特的价值链只包含与生产行为直接相关或对生产行为直接产生影响的成员和环节，但是 Peter Hines 把原材料和顾客也纳入了他所定义的价值链，这意味着任何产品价值链的每一个环节在不同阶段可能包含不同的公司[30]。企业的价值创造过程是由上游供应商提供产品原材料，在中间的各个环节中逐渐得到价值的提升，最终提供给下游的销售商和顾客，从而实现价值的创造和获取，整个过程是投入转化为产出的过程，符合传统制造业的价值创造流程。传统企业的供应链是基于顾客需求预测的线性单向输出流动模式，价值由厂商单向流向顾客。

3.1.3　传统企业价值链面临的问题与挑战

随着技术的进步和分工的专业化，市场上出现了只擅长于某一种业务的外包公司，传统大型企业开始将一些非核心类、不具备优势的生产环节外包给这些专业的外包公司，将精力更多地集中于发展规模经济和范围经济，此时的生产模式已经由最初的"完全自己生产"发展为以企业之间合作为主的"供应链生产"，盈利模式也由"单赢"发展为"多赢"。经济全球化的发展和分工的进一步深化使得企业的这种外包模式更为彻底，更多的生产环节被外包出去，只剩下一个或数个核心模块，企业相当于一个"技术平台"。不同的企业代表价值链不同的环节，在同一个界面上通过一定的规则结合到一起形成一个复杂的生产过程。此时，传统的价值链已经无法满足当前产品的生产模式，传统的价值链被解体，重新整合成功能和性能都更加完备强大的价值链形态。

同时，信息技术导致虚拟世界也就是虚拟市场空间的产生，虚拟空间价值的创造完全依靠信息的流动和技术的支持，这与传统物质资源所组成的现实市场空间有所不同。传统意义的价值链也不适用于企业在虚拟空间的价值创造模式。在传统价值链体系中，信息只是价值增值过程中的支持元素，并不是价值本身，但在虚拟空间中，信息是价值增值的载体和价值的来源，信息的流动性导致价值链边界的模糊性，企业完全可以基于互联网技术生产产品或服务，而不需要搭载实体的物质资源和实物价值链。因此，在环境不断变化、信息技术飞速进步以及大型企业逐渐外包化的趋势下，价值链已然无法适用于新的形势，迫切需要新的价值理论来支撑和解释。

3.2 平台生态系统的变革历程与价值链形态解析

3.2.1 平台生态系统的变革历程

平台生态系统的变革过程就是不断实现价值更大化的过程，通过组织形式变革的分析可以发现，平台生态系统分别经历了双边平台、平台企业、平台生态系统三个变革阶段。

（1）双边平台的构建

双边平台既包括企业外包之后的核心技术平台，也包括派生演化之后形成的虚拟平台，其通过免费补贴等策略吸引消费者的加入，利用销售需求引导企业加大产品研发与投入，促进企业生产力的提高，甚至引发企业内部管理的转变。借助产品平台，能够打造贯穿研发、生产、采购、营销的市场感知能力，并通过价值导向下的功能性价值整合开展产品创新，向消费者传达产品的信息，实现用户黏性，维持用户长久性。

在创新的过程中，产品平台实现了其在供应商和用户之间的关系连接，产品平台与用户、供应商三者既是相互制约的个体，又是密不可分的整体，彼此间相互支撑、协同发展，完善并巩固了彼此之间的双边关系，实现了产品平台在市场的立足，促进了其进一步的演化。

在双边平台构建阶段，前提条件是平台能够成功搭建双边市场，因此，可以将这一阶段的平台成功因素分为消费者预期、平台质量、网络效应和定价策略。具体来说，需要经历以下步骤：

① 联合需求，即存在有交易意愿的双边用户群体。平台的核心价值就是成为双边用户实现便捷、低成本交易的中介方[31]，实现交易的前提是一边生产的产品或服务有一定规模的消费群体。平台连接的不同类型的两边终端用户彼此之间需求相互依赖时，就表现为"联合需求"（Joint Demands）。联合需求是指任何一种生产过程都需要两种以上的生产要素才能进行，也就是平台提供的产品或服务必须是在两边用户都存在需求的情况下才能具备价值。平台在交易的过程中，促进双方进行价值的交换，起到了催化剂的作用。

② 平台质量，即平台能够提供好的产品或服务。在平台经济时代，只有优秀的产品或服务才能不断吸引消费者[32]，这也是留住用户的关键。比较常见的是通过现金红包、奖品等"游戏化"方式吸引消费者和互补品提供商的参与，或是通过为用户提供免费的优质服务来提高点击流量，只有达到了一定的用户规模，才具备市场稳定性。

③ 网络效应，即通过灵活补贴策略，实现直接/交叉网络效应。网络效应是平台成功和长期发展的核心要素。平台借助灵活的定价机制，能够促进其在双边市场的参与方之间形成一种刻意的不平衡，进而网络效应能够被持续地激发，为价值创造提供更多的来源，奠定价值实现的基础。

④ 定价策略。定价策略是吸引与维系双边用户最有效的手段，用户则是保证平台价值创造的最根本源泉。通常，在平台建设初期采用免费策略（补贴模式的一种表现形式），而当市场已经相对成熟时，平台的定价策略才能向着细分化、多样化的方向发展，从而为平台带来更多的利润来源，也就是通过多元化价格机制加以实现。

第一，补贴策略。在补贴模式中，主要涉及两个概念：被补贴方、付费方。在平台的双边市场中，买方用户的数量及黏性决定了卖方市场的发展状况。因此，平台在建设初期为了吸引买方用户，往往为其提供免费或普遍低于市场价格的商品、服务，进而吸引更多的用户参与到买方市场中，此时，买方就被视为"被补贴方"。而平台的运行与发展依靠为卖方市场用户提供的增值服务而赚取的利润，也就是说，卖方的持续付费为平台运行带来了可能，因此而被称为"付费方"。一般来讲，在平台的补贴模式中，被补贴方往往具有如下几点特征：在价格弹性反应方面，被补贴方往往表现得比较高；在用户归属性方面，被补贴方呈现多归属属性，同时，被补贴方具有低成长边际成本、正向同边网络效应、高质量敏感性、高品牌价值等特性；在现金流汇集方面，被补贴方的现金流也比较难以汇集，并且不存在与竞争对手的交易。表3-2给出了确立"被补贴方""付费方"的八项原则。

表3-2 　　　　　　　　　　　**补贴模式的八项原则**

原则	被补贴方	付费方
价格弹性反应	高	低
用户归属性	多归属	单归属
成长边际成本	低	高
同边网络效应	正向	负向
质量敏感性	高	低
品牌价值	高	低
现金流汇集难易程度	困难	容易
是否与竞争对手交易	否	是

事实上，不同类型的平台企业在选择被补贴方的时候具备不同的标准，补贴模式也不是一成不变的，每个被补贴方可能仅仅满足表3-2中八项原则中的一项或几项，因此，在选择过程中需要视实际情况而定。然而，被补贴方在平台中的作用是不可小觑的，当平台对正确的用户进

行价格补贴时，自然会吸引用户的参与，从而为平台带来发展。有的平台会在建设初期将双边用户作为被补贴方，进而吸引更多用户的参与。

第二，多元化价格策略。在平台具备了一定用户规模且发展到一定程度后，则开始寻求利用多元化价格机制获得新的发展。在多元价格机制下，平台会伴随着用户消费行为的转变而随时改变定价策略。例如，滴滴出行平台在执行定价策略时会随着出行的高峰期动态调高乘客价格，从而获得更多的利润，同时也会为司机提供奖励，鼓励司机在高峰期出行。

（2）双边平台向平台企业的变革历程

双边平台的出现，无论是外包的形式还是通过互联网技术实现搭建，都是在以往传统模式上的创新，因此与其他参与者之间的关系也是在创新的过程中不断形成的。在变革为平台企业的过程中，根据价值网络的组成要素，平台企业是由核心层、规则层、参与层三个层级组成的，三个层级之间关系的构建是持续培育的结果。一个强势且成功的母平台（核心层）会成为平台企业内部关系的"建筑师"。在平台企业演化过程中，母平台会主动建构与其他参与者之间的多边关系。在参与者培育过程中，关系承载力局限的背后是缺乏平台之间的协同，因此，需要母平台在参与者之间发挥协调作用，通过跨界创新和价值迁移加强参与者之间关系的黏性，母平台和其他参与者集合从不同的产品/服务定位与竞争对手展开全面的竞争，构建全方位的多边关系，并在平台企业框架内固化母平台与其他参与者、参与者与参与者之间的多边关系，形成价值的协同创造，提升竞争优势。

在平台企业阶段，组织形式会经历从市场到层级结构的演化过程，即平台企业价值网络的实现过程，具体会经历以下几个步骤：

① 完善核心业务和基础设施。核心产品/服务的质量应该随着平台企业的发展和消费者的需求变化而持续地进行改善和提升，高质量的产品或服务能够不断地吸引消费者的加入，进而通过直接网络效应进一步吸引互补品厂商加入到平台中来，共同创造更大的价值。同时，产品和服务质量的提升离不开平台其他基础设施的完善。

② "盈亏平衡点"的突破。双边市场用户规模对于平台企业来讲

至关重要，是平台能否持续发展的关键因素。通过扩大用户规模，能够提高平台企业的市场竞争力，进而维持其长期的生存。在对平台企业的发展阶段进行分析的过程中可以发现，平台企业在发展初期基本都要经历一段时间的亏损，主要原因在于：用户规模不足，使得平台需要投入大量的成本用于吸引平台用户、维持平台运行。在这一过程中收入曲线、利润曲线都呈下降状态。当用户初具规模后，随着收入曲线的上升，将迎来平台企业的"转折点"，即利润曲线开始呈现上升趋势，尽管此时的收入仍远远低于总成本，利润呈负数，但不断收窄。随着用户规模的继续增长，可以发现，总成本上升趋势放缓，而收入曲线开始呈现明显上升，当利润曲线转为正数时，即可认为达到了"盈亏平衡点"，说明在当前用户规模下，企业的总成本与总收入基本持平，因此将迎来转亏为盈的局面。接着，用户规模会持续增长，迎来利润曲线的上升期，此时收入明显大于总成本，企业处于盈利状态。而当发展到一定阶段时，则到达"产业成熟点"，在此之后，尽管用户规模仍然可能维持增长，但此时因为需要消耗大量成本用于维系平台运行，因此利润曲线的增长将会放缓。平台企业的发展曲线图如图 3-1 所示。

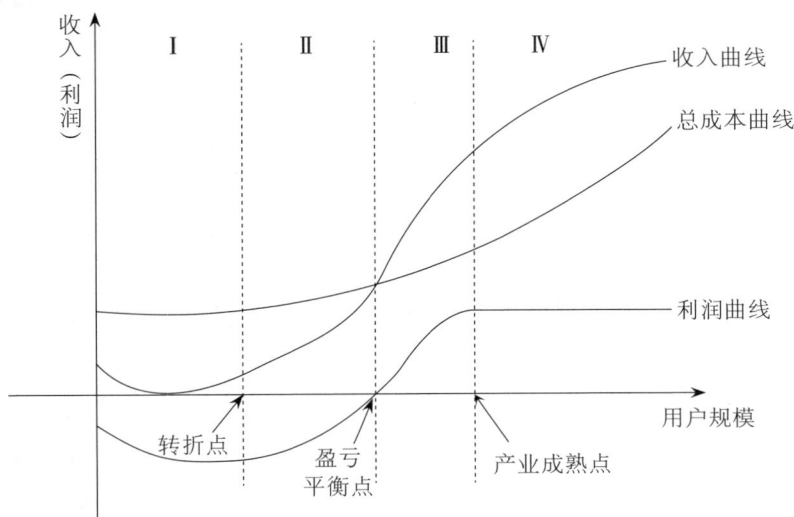

图 3-1　平台企业的发展曲线图

③开放或封闭的选择。在市场竞争中，平台不仅要为双边市场用户提供服务与保障，同时需要处理其他参与主体与平台间的关系。一般来讲，平台对其他参与主体的态度分为开放与封闭两种状态。其中，开放状态意味着平台企业对其他参与主体持正面态度，即欢迎它们加入到平台的服务当中，方式往往是为其开放端口或服务，使其能够在平台中具有一定的数据共享、资源访问等资格，进而参与到平台的建设当中，从而实现共同盈利的目标。封闭状态则意味着平台不接纳其他参与主体，这种状态往往出于平台的自我保护，通过设置用户过滤，从而将那些不符合标准的参与主体排除在平台之外。在平台选择开放策略时，往往包含三种开放类型：接入第三方应用、对用户开放、开放平台用户行为（如图3-2所示）。

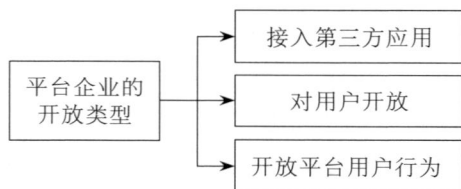

图3-2 平台的开放类型

信息技术的发展，特别是大数据分析的应用，为电子商务行业带来了新的发展动力。在淘宝网等购物平台中，平台往往能够根据用户以往的购物、浏览记录进行产品的推荐。事实上，这便是一种平台选择的开放策略，通过数据分析能够找出用户的购物喜好，进而能够针对喜好进行商品的精准广告。

第一，独占交易。独占交易也被称为排他契约，也就是平台不允许其用户参与到其他平台的服务中，即一旦被本平台所接纳则不能再在其他平台中出现。独占交易往往是通过与用户签订契约实现的，对于用户来讲，一旦承认了平台的独占交易，则对平台产生了单归属行为。事实上，在很多情况下，独占交易并不利于平台企业的发展，当平台成为行业的龙头时，独占交易容易遭受反垄断调查。另外，独占交易也可能会使平台失去一部分用户，特别是当平台自身没有足够强大实力时，用户可能会因为单归属行为而选择放弃平台，进而为其带来不利影响。例如，在一些电子商务网站的商品中，常常能看到一些所谓的"独有资源"，基本上可以被认为其具备独占交易的特性。

第二，用户过滤机制。当平台选择开放策略时，则需要通过设置用户过滤机制，对参与平台的参与主体进行筛选，从而进行用户选择，明确开放程度。

④设置盈利点，实现递增效益。传统模式强调最小化成本、最大化收益，与传统模式不同的是，平台在构建初期为了吸引双边用户，往往实行免费补贴策略，这就导致平台面临大量投入却无法实现盈利的局面。为了实现平台自身价值的最大化，平台必须在达到一定规模后，设置盈利点，进行收费，并随着网络效应的正反馈机制，实现递增效益。平台在设置关键盈利点时，往往需要考虑两个方面的因素：

第一，数据开采。平台是连接多方参与者的桥梁，为参与者的交易提供场地、技术等支持，而在平台盈利点确定的过程中，用户规模是不可或缺的因素，而用户规模又与平台自身的发展密不可分。用户与平台实际上构成了相辅相成、共同发展的协同体。在平台的运营过程中，为了满足来自不同地区、不同层次、不同需求的用户的多层次价值主张，平台需要通过数据分析出用户的潜在需求，进而更好地满足用户个性化需求，提高用户满意度，吸引更多用户参与到平台中。而数据分析与挖掘的首要问题在于数据的采集，因此，在制定平台盈利点时，首先需要解决的是数据开采的问题。

第二，关键环节。平台双边用户规模达到一定程度时便可以充分实现网络效应的机制，即无须平台利用政策吸引双边用户，而是能够让用户主动参与到平台中。这时，平台可以设立付费的关卡，即向用户收取一定的费用。当由跨边网络效应所引起的需求得到满足时，即可认为平台到达了"关键环节"，也就是所谓的盈利点。

（3）平台企业向平台生态系统的变革历程

根据Adner从结构主义路径对平台生态系统构念的重新界定，平台生态系统与产品平台、平台企业的不同之处在于其将前两个变革过程强调的从属关系（侧重于与核心组织有直接联系的参与者）演化为将战略视角扩大到包括核心组织可能无法控制的活动和参与者，并且强调生态系统内部参与者进行价值共创的重要性，参与者对于母平台来说不一定是从属关系，但是必然是价值共创必需的参与部分，是不可"删除"的，也被称为"伙伴集合"。因此，在平台生态系统演化过程中，伙伴集合之间、伙伴集合与核心平台之间的关系不再等同于产品平台和平台企业阶段要素与母平台之间的从属关系，生态系统也许包含多个母平台，不同的母平台聚焦单个业务板块，通过生态系统战略匹配使不同的母平台之间为共同的价值目标形成协同效应，推动生态系统逐步形成更大的产业发展格局，可以说，系统内部的关系构建不再通过培育，而是在价值共创的过程中实现的。平台生态系统通过打破产业边界和自身能力局限，基于平台价值网络推动平台与相关伙伴集合进行价值共创，构建平台生态系统内部的新型关系。

在经历了层级结构的转变之后，要想获得价值的持续增长，最重要的还是要建立强大而稳定的价值生态系统，即具有网络结构的平台生态系统。在实践过程中，只有部分平台企业能够演化为平台生态系统，其他平台企业很难与之抗衡，并且只要有新的产品、技术、服务出现，就面临被更大生态系统吞并的风险。因此，需要进一步探讨平台生态系统的演化过程。

① 市场细分和长尾市场开发。平台在产业中不断扩大自己核心产品或服务的影响，逐步将产品或服务推向偏好多样化的小众群体，并随着群体的扩大，小众需求的产品也具备了生产规模，从而吸引更多的小企业为自己的产品或服务提供支持，通过现有市场的细分和长尾市场开发实现价值的多元化。

② 整合跨界异质资源，实施平台包络战略。由于市场边界模糊，不同平台的用户群经常相互重叠。当拥有稳定客户关系的平台企业一旦联结成为一个网络体系后，很有可能会在原有平台功能的基础上，将多个平台进行集体绑定，从而使原有单一功能的平台因无法生存而被取代。这种行为被 Eisenmann 称为平台包络（Platform Envelopment）战略。平台提供者通过实施平台包络战略能够渗透到新的市场中，并能在充分发挥自身原有优势的基础上，与新平台进行良好的整合，从而能够在资源、用户、信息、技术等方面实现最大限度的共享与发展，最终实现生

态系统价值协同创造的最大化。

③ 平台生态系统的可持续发展。平台生态系统可以被看作在平台企业原有产品与服务的基础上，通过向周边其他领域的包络战略的实施，吸引更多参与主体加入到平台之中或者衍生新类型的平台，从而提高消费者的满意程度，进而形成利益共存的网状关系。那么，由这些参与主体所共同组成的便是一个生态系统。而在平台生态系统逐步形成的过程中，随着参与主体的逐步扩大、业务领域范畴的扩张，平台不得不面对来自生态系统内部及外部的挑战与竞争。此时，寻求长期的可持续发展便成了平台生态系统的生存之道[33]。

平台生态系统与传统制造型企业不同的是，传统制造型企业降低成本往往依赖于供应链的管理，而平台生态系统则更多地依赖用户规模的增长。当平台用户达到一定规模后，能够实现平台的网络效应，进而降低成本、实现盈利。通过以上分析可以发现，平台主要是依赖多元化的价格策略，吸引规模足够大的用户群体，才能够在激烈的市场竞争中得以生存。在形成生态圈后，可持续发展战略更与用户规模、用户黏度等要素密不可分。因此，平台应不断监督生态系统内的各个环节，大胆预测可能的发展趋势，在实施包络战略的同时，开发新功能、发展新用户群体，持续开发新的价值创造来源，同时，通过制定灵活的发展战略使平台的利润来源更加多元化，形成具有多层次的战略规划以及多个价值创造体系协同发展的价值生态系统。

平台生态系统的变革过程如图3-3所示。

3.2.2 平台生态系统变革中价值链形态的变迁

（1）价值模块

随着互联网技术的出现，虚拟平台应运而生，传统的平台多存在于制造业等高度一体化或稳定的行业，通过顶层设计或底层设计对生产环节作减法进化而来。虚拟平台由于以互联网技术为支撑，具有高度的不确定性，是以单一的产品或服务为起点发展起来的，属于派生演化的过程。虚拟平台引领了新兴的经济模式，信息技术保证了其具有高效、高能量以及高活力性等特征，其最主要的特征就是网络外部性，不再单纯

平台生态系统价值实现路径图

图例：
...... 省略数量
○ 参与者（要素）
○ 非闭环（边界模糊）

阶段	价值模块（双边平台）	价值网（层级结构平台企业）	价值生态系统（网络结构平台生态系统）
过程	连接联合需求 提供优质产品/服务 免费补贴，实现网络效应	完善核心业务和基础设施 设置盈利点，实现递增增效益	市场细分和长尾市场开发 平台包络战略

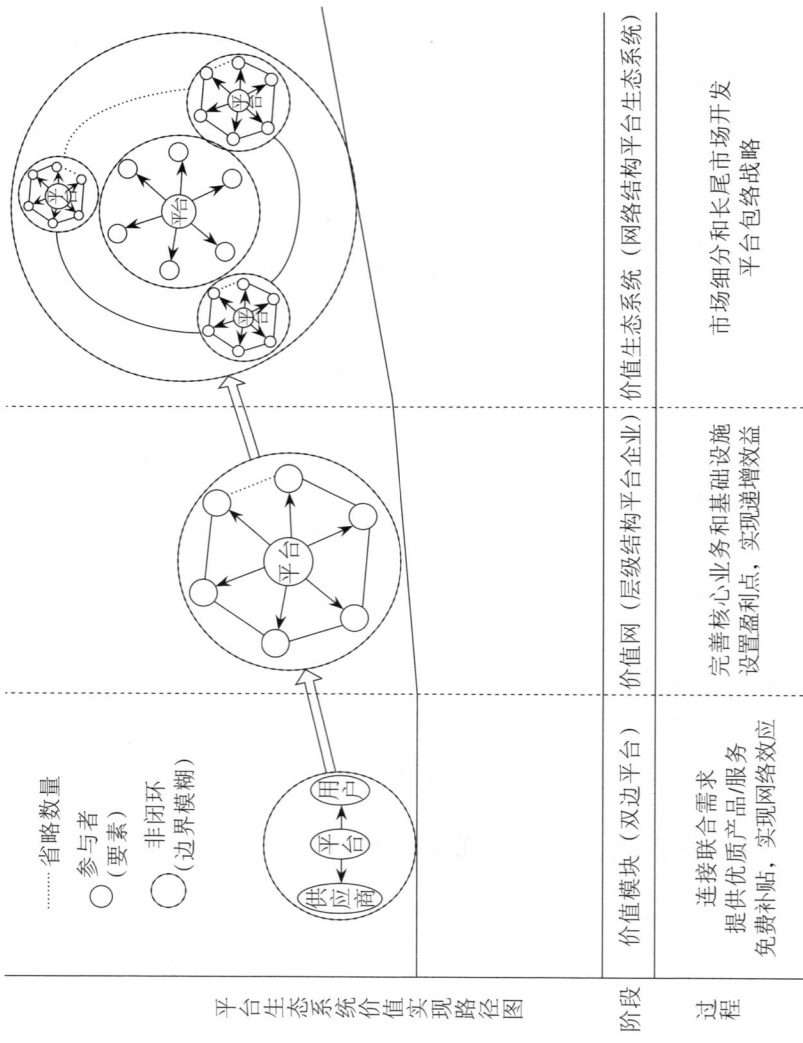

图 3-3 平台生态系统的变革过程

以价格为衡量产品/服务需求的标准，而是取决于对未来用户数量的预测[34]。关于虚拟平台的架构组成，国内学者段文奇、赵良杰和陈忠[35]等进行了分析，根据虚拟平台构成要素的功能，认为虚拟平台是由基础设施层、组建通信协议层和交互规则层三个层次组成的。价值链的模块化发展适应了双边平台的演化与创新，是对有效资源的重新分配与整合利用，提高了生产效率和竞争力。但是互联网与虚拟平台的出现，使得价值模块无法适应新的生产模式，价值逻辑亟待重新理解与应用。

（2）价值网

产品平台或虚拟平台都是企业经过"变异—选择—保留—传衍"四个演化过程的产物，都是以自身为核心。由于网络外部性的特征，用户会逐渐增多，吸引互补品厂商为虚拟平台或其用户提供产品或服务，成为共赢的外围者。为了监督和规范自身所构建的双边市场，平台会设置用户交易规则，此时的组成模式就是平台企业。具体来说，产品（虚拟）平台是平台企业的核心模块，具有平台最本质的功能并能够解决实质性的问题[36]；互补品厂商是平台企业的外围组成，包括硬件、软件、服务模块以及它们组合形式的企业结构；通过兼容性标准、管理信息交换协议、限制用户行为的政策等"规则"将核心模块和外围联系起来，并协调模块之间的活动[37, 38]。

平台企业具有非一体化性、边际成本递减性、无边界性和自组织性等特性，在此基础上，一些学者提出了价值网络的概念，价值网络包括平台连接的双边用户，以及市场上的竞争对手和其他成员。价值网络内的主体具有多层级的特点，因此主体之间的互动关系也是存在于不同层级之间，并通过节点相互联系或交叉形成不同的价值链，价值网络就是价值链通过节点联系到一起的组成形式。各种要素可以在网络中不同层级不同渠道间自由流动，产生庞大的网络效应，提高价值网络的整体价值，节点上个人与企业的个体价值也会随着整体价值的增值而有所提高。价值网络的要素包括客户、核心平台、节点企业和规则协议，鉴于此，将平台企业的层级结构分为核心层（平台企业价值网络所提供的产品或服务中处于核心地位，起到基石作用的建构区块）、规则层（价值网络各层级之间的桥梁）、参与层（监管者、商家、消费者和第四方平台寄生者），各层级及模块在大数据、信息化时代背景下相互影响和互动的运行规则界定着平台企业的边界，层级之间不断地具化和演化促进了平台企业的发展壮大。

价值链和价值网络的不同有以下几点：①价值链更强调供需两端，目的是降低成本，提高生产效率；价值网络更关注参与者的共赢以及成员之间伙伴关系的协调与发展。②价值链强调生产资料的单向流动；价值网络更关注信息是否能够顺畅流动。③价值链更强调不同环节主体之间的利益关系；价值网络则以伙伴关系为主。④价值链将消费者作为推销对象；价值网络强调消费者参与价值创造。价值链将消费者作为价值实现的终端环节；价值网络中信息可以双向流动，环节之间的壁垒被打破，主体可以相互合作、交流沟通，参与到价值创造过程中，消费者是价值创造的重要来源，其核心是能够最优利用各个要素，实现整体价值的最大化。

与此同时，环境对平台企业的层级结构也有很大的影响。其中，政策环境和技术环境的改变会影响平台企业的竞争态势，甚至平台系统的整体结构也会被打乱重塑。环境的变迁会引起平台领导企业和其他平台企业竞争状态的微妙改变，一般来说，对于弱势企业的影响会更大。政策环境的改变可能会在一定程度上削弱平台领导企业的领导地位，降低它对平台企业所处整个行业大环境的控制能力，间接导致弱势企业对其领导地位的竞争威胁。比较典型的案例如20世纪60年代颁布的反垄断法迫使IBM开放系统架构，由此失去了其在个人电脑架构领域的控制权，给微软和Intel的崛起带来了机会，IBM逐渐退居数据处理专业领域，在电脑平台系统中占据一个特定的位置，而不再居于领导地位。这个案例不仅包括政策环境对平台企业的改变，也包括技术环境的变迁对非领导企业的影响，非领导企业在技术变迁的背景下可以利用技术变革带来的机遇通过内部创新和外部策略调整向领导企业转变[39]。平台企业价值网络的层级结构如图3-4所示。

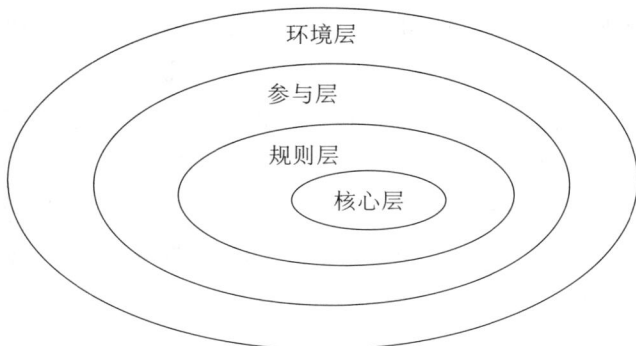

图3-4 平台企业价值网络的层级结构图

（3）价值生态系统

平台生态系统是由平台企业变革而来的，平台企业演化为平台生态系统有以下四种演化类型：①核心平台的运营与发展可以扩大价值网络的范围，吸引企业和用户的加入；②平台企业的正反馈机制具有自我发展的动力和惯性，激励参与者进行自我繁殖和进化，吸引更多成员加入；③依靠平台的产品/服务提供第三方业务的边缘企业如支付机构、金融机构、物流公司等，提高了平台生态系统的层次性和多样性，加快了平台企业向平台生态系统的演进速度，进一步扩大和模糊了平台生态系统的边界；④负责向平台生态系统提供增值服务的供应商，如技术开发商、软件开发、营销推广商、咨询机构、认证机构等的加入，进一步丰富了平台生态系统的层次结构，拓展了平台生态系统的发展环境[40]。平台企业向平台生态系统演化的过程中，通过平台包络战略能够实现平台的跨界经营，同时丰富与维持了平台生态系统的多样性与稳定性。这样也就有利于平台生态系统通过资源的获取和竞争，不断进入新的市场[41]，融合多种业务于一体。在互联网的推动下，融合多类型产业的生态系统诸如阿里巴巴、苹果等正在逐渐增多。

随着产业之间的不断融合，价值网络中的节点数量与类型不断增多，信息流动愈加频繁，网络内的关系结构也越来越复杂，因此，价值网络逐渐演化为拥有多个价值核心，网络彼此错综交接的多元化体系，被称为价值生态系统。价值生态系统与价值链和价值网络的不同有以下几点：①价值生态系统最大的不同点就是边界的模糊性和不断扩张性。价值链拥有非常明确的边界，价值网络作为联盟体，成员虽然趋向复杂，市场边界有模糊性的趋势，但是依然存在。价值生态系统则是完全没有边界，只要平台足够大，就有可能扩张到任何一个市场，并有强大的包容性，能够容纳相当多的成员企业和个人。同时，成员之间的关系也并不是完全相互依赖的伙伴关系，成员可以随时选择离开或加入。②价值生态系统中，供方与消费者的边界不再那么明确，消费者是价值创造的主要来源，提供整个系统的优势资源，所有成员之间都是平等的关系，成员会为了平台生态系统的可持续发展与壮大而共同努力。但是在价值网络中，企业与顾客之间的边界并不是这么模糊。③价值生态系统具有正反馈和协调功能，外界环境一旦发生波动，系统会通过正反馈机制和协调功能维护系统的稳定性。

平台生态系统会通过组织、协调和数据挖掘等方式充分调动信息和资源，维护系统运转，最大限度地促进价值生态系统的成长，并不断拓展生态系统的价值空间，使系统内成员不断获取新的资源和信息，获得新的吸引力，增加黏性。

3.2.3　传统企业与平台生态系统价值创造的对比分析

（1）价值创造的实现途径不同

在工业经济时代，企业价值创造的实现方式通常可以被归纳为以下几种：第一，可以通过组织化的协作方式实现价值创造。第二，产品的规模化生产也能够实现价值创造。第三，以焦点企业为中心的产品推广与传播也能够实现价值创造。第四，可以通过多元化渠道的销售方式实现价值创造。第五，当企业能够再次利用那些被闲置的资源后，也能够实现价值创造。企业价值归纳起来是与企业生产、服务相关的基本活动或辅助活动直接或间接所创造的。而在互联网时代，当平台出现并逐步在市场竞争中占据一定位置后，企业价值创造的方式也随之发生了转变。第一，随着市场边界的模糊化，传统产业链中的横向或纵向一体化已经无法满足市场发展的需求，因而，借助平台所提供的功能，企业通过虚拟整合实现的跨界合作成为互联网时代下价值创造的方式之一。同时，企业的跨界也可能使原本不同行业的两个企业从合作关系转向竞争关系。第二，在互联网时代，客户的体验与客户需求的满足也成为价值创造实现的方式之一，客户是平台的重要元素，借助客户的规模以及其所形成的网络效应，能够给企业带来更多的经济利益增长点与发展空间。第三，传播方式的转变也成为互联网时代企业价值创造的实现方式之一，企业不需要像传统的信息传播（中心化传播）方式一样，而是借助碎片化方式进行信息的传播，同时借助互联网平台，企业能够吸引更多的用户参与其中，从而通过平台的公众性与广泛参与性，使企业更好地实现价值创造。第四，互联网平台使得企业能够实现先有需求再进行生产的生产方式转变，从而降低库存和成本，实现供需平衡，这也成为互联网时代企业价值创造方式的又一转变。第五，借助互联网平台，供应商能够与客户建立直接的联系，因而传统的多元化分销渠道可能无用武之地，借助平台直销的方式能够减少流通费用，降低交易成本，提升客户满意度。由此可见，互联网技术和平台的出现，将以往以焦点企业为中心的价值创造途径转向以客户需求、平台、信息为驱动的价值创造的实现方式。

（2）价值网与价值链的不同

价值链是由波特提出的，波特将公司的整体经营活动分解为一个个单独的、具体的活动，包括基本活动（生产、营销、运输和售后）以及辅助活动（原材料供应、技术、人力资源和财务等），这些活动在公司价值创造过程中相互联系，构成公司价值创造的行为链条，这一链条即为价值链。而价值网是由多条相互作用的价值链整合而成的系统，通过不同层次和不同主体之间的互动，可以形成多条价值链在多个环节上网状的联系和交换关系。价值网与价值链最主要的不同点有以下两点：

① 顾客参与价值创造。价值网不同于传统的以厂商资源、经验或知识的单一维度来预测顾客需求的模式，以及价值链的线性思维和价值活动顺序分离的机械模式，而是建立了一种以顾客为核心的价值创造体系，通过网络等信息技术可以获取顾客的反馈、评价等信息，改进并生产符合顾客个性化需求的产品或服务，即实现大规模定制生产，以顾客

订单驱动整个价值网（单向输出变为供需双方的双向流动）。核心平台能够根据顾客的真实需求（价值主张），有针对性地选择可以提供相关功能的互补性参与者加入到平台企业的联盟中，使价值链各个环节上的利益主体按照整体价值最优的原则组织到一起，通过一定的价值传递机制和治理框架的作用，共同为顾客创造价值。

② 成员间关系。除了顾客的价值主张，相比传统价值链模式，价值网更注重企业协同能力、组织间信任以及伙伴关系等。可以说，价值网体现的是企业整体实力以及关系管理能力的综合运用与检验，对比传统企业由上至下的管理模式，价值网内各节点大多是独立的自组织经济体，价值网更强调系统内成员之间的资源互补和协调关系。组织间的资源互补和关系治理机制可以使节点企业减少恶性竞争和资源溢出，降低交易成本，实现企业间资源配置的优化，在更大范围内实现价值创造[42, 43]。

③ 价值链战略的演化。传统价值链的竞争战略以成本领先、差异化与专一战略为主，但是平台企业的竞争战略则与这三者完全不同，总成本最低已经不适合作为战略选择。一般为了提升用户规模，实现网络效应，核心平台会以"烧钱"的速度快速发展，因此成本领先战略在生态系统时代不再是主流竞争战略。差异化战略也不再是由企业决定产品差异化，而是由顾客直接参与决定产品的个性化，这才是具有优势的竞争战略。

（3）价值生态系统和价值链、价值网的不同

平台企业是一种介于"科层"和"市场"之间的中间组织形态，其成员间的紧密程度，决定了平台企业在"科层"和"市场"之间的倾向程度。而平台生态系统是平台企业跨界发展形成产业化趋势的组织形式。以电子商务为代表的网上交易平台是具有代表性的平台企业的表现形式，随着大数据和云计算等信息技术的发展，平台逐渐开发出更多功能，并衍生出更多的核心子平台，这些子平台进驻不同的行业领域，甚至覆盖我们生活的方方面面，逐渐形成了平台生态系统。价值生态系统是由平台企业、平台产生的价值群落和平台整合的社会资源共同形成的新的组织形态。价值生态系统与价值链、价值网的不

同有如下四点：

①边界模糊性。电商、零售、物流、旅游等行业的业务交叉与融合意味着提供信息产品或服务的这些企业和行业之间的边界已经越来越模糊。最早跨界合并的案例是世界最大的互联网服务公司——美国在线与世界上最大的媒体公司——时代华纳的合并，合并的方式是公司股票的互换，交易金额达1 840亿美元，也是互联网与传媒企业跨界合作的里程碑案例。随着互联网技术和环境的成熟，不同行业内的企业之间技术、业务、运作和市场的联系逐渐加强，企业之间开始出现业务的交叉、融合与创新，从而实现企业在不同行业之间的渗透与扩张，即产生了行业边界模糊的状态与趋势。这些交叉与创新的业务突破了传统的企业与市场的边界，使其向过去不相关的行业市场延伸，从而使得原本清晰的企业与市场边界变得模糊。

企业价值链在产业层面的延伸就是产业价值链，即供应商、制造商、分销商和顾客的价值链相互联结从而形成的多个价值链的整合。产业价值链中每一个环节都包含多个同类企业，这些企业之间是竞争关系，而不同环节中的企业则是交易关系。企业价值链代表了企业在市场中的资源空间和行业地位，是企业面临外部环境和内部竞争的战略指导。根据价值链的分析，企业能够明确自身在行业中的位置和应该发展的核心业务，从而制定正确的战略与决策。但是，互联网技术和环境的日趋成熟导致不同行业之间技术、业务、运作和市场的联系越来越紧密，范围逐渐扩大，不同行业内企业之间出现越来越多的业务交叉与创新，行业之间的扩展和渗透愈加普遍，边界逐渐融合，以至于很难判断企业的行业归属。同时，技术创新和政府经济性管制的放松导致产业的进入壁垒降低，不同产业之间拥有共同的技术基础和市场基础，行业之间的边界模糊，甚至消失。企业的价值创造活动已经不再局限于本产业的价值链上，而是向其他产业延伸，融合其他行业的产品和服务，逐渐形成了以某个行业的主体企业为核心的价值网，在它们的交叉处涌现出许多融合性质的新产品和新服务[44]。因此，边界模糊性意味着传统价值链无法解释产业融合现象，这也是价值网与价值链的不同之一。

②发现并创造顾客需求。在以顾客为核心的价值网中，尽管顾客需求能被及时捕捉甚至顾客被纳入价值创造流程的部分环节中，但顾客仍然是"柜台"之外的"局外人"，是需求信息的提供者。但是在价值生态系统中，大数据和云计算等信息技术能够长期准确地捕捉顾客的行为轨迹，从而能够得知顾客的喜好、生活习惯等，并据此进行精准推荐，不断发现甚至创造顾客的新需求，这与价值网中顾客需要表达出需求信息有所不同。

③流程非线性。价值生态系统与价值链、价值网有所不同，其流程呈非线性。传统价值链理论的价值创造活动是按照一定的逻辑顺序展开的，多是基于"研发—生产—销售"的传统组织的价值创造流程。价值网的不同在于核心平台控制价值创造流程的关键环节，决定产品或服务从生产到营销的逻辑顺序，其他企业则各司其职，分担着价值流程的不同环节。但是价值生态系统的价值流程则呈现非线性化趋势，比如研发环节不再是初始环节，而是与其他环节并行。例如，国外某品牌 T 恤在网站上征集用户自创的 T 恤印花图案，并进行投票，按照票数最高的图案进行生产。价值网虽然也呈现非线性趋势，但是只是在数量上有所变化，价值生态系统则为流程非线性化进行"质变"提供了技术条件和组织基础。用户能够参与到价值创造的流程中，与其他环节的企业占据同等的地位，价值链流程被分解，原始的逻辑顺序被打乱。诸如传统价值链的营销环节由具体的企业来负责，而如今以大数据和云计算等技术为支撑的价值生态系统则掌握着大量用户数据，其本身就是一个天然的营销载体，能够根据用户特征进行精准营销。营销环节从流程中分离出来，嵌入到价值生态系统的运作中。因此，从价值链、价值网到价值生态系统也是线性流程向非线性流程进化的过程[45]。

④关系。核心平台依然是生态系统的组织核心，协调各方之间关系的重要性不言而喻。核心平台必须制定出各方都认可的规则以分享价值，并通过治理机制不断维持和稳固共生关系。价值生态系统内关系较价值网更为复杂，需要多方协调和治理。

3.3 平台生态系统价值创造的影响机制

3.3.1 用户资源与平台协调关系

通过以上文献梳理和理论分析，对比传统企业价值创造，平台生态系统的用户资源以及核心平台与伙伴集合之间的协调关系是价值创造的重要特征和实现机制，同时，平台生态系统的治理模式（包括正式的组织机制和对系统关系的非正式治理机制）也是保障和促进价值实现的重要影响因素，即治理模式是平台生态系统价值创造的动力机制。

其中，用户资源是平台生态系统价值创造机制的一个突出特征，用户数量的规模化可以实现网络效应进而获得递增效益，是平台进行价值创造的来源和基础，同时与传统价值链不同，用户成为价值创造的核心，是价值主张的提出者，因此，用户资源是平台生态系统价值实现的重要因素。虽然从资源基础观视角看，资源的稀缺性、不可替代性、难以模仿性以及不完善的流动性会影响企业的竞争优势，但在平台生态系统所构建的企业互动以及互相依赖的网络环境中，关系的性质比资源的性质更有影响力，关系的性质决定了核心平台与伙伴集合之间互动的深度及广度，决定了彼此资源协同或整合的程度，并由此影响系统整体产出水平的高低。因此，在平台生态系统价值创造的过程中，核心平台处理与伙伴集合之间关系的协调能力非常重要，这种能力会直接影响系统价值的共创。核心平台的协调能力表现在核心平台与伙伴成员之间互动的规则及规范，它约定了核心平台与伙伴集合之间的交易、交换以及交流行为要遵守的准则、规制及途径，是对交易活动的管理与控制。在平台生态系统内的交易过程中，环境的不确定性、信息的不完备性、信息在伙伴间的不对称分布、人的有限理性及机会主义行为倾向，都促成了交易成本的产生。核心平台的协调能力就是降低双边的交易成本，体现为通过规则、规范等激励和控制手段时刻保持双边动态的均衡状态。可见，核心平台的协调能力对价值实现有直接的影响。

3.3.2 治理模式

治理模式是通过有机结合正式和非正式的治理制度来实现系统的自我驱动，而非第三方参与的治理模式，是价值创造过程中的"催化剂"。平台生态系统的治理模式要求系统内成员通过正式或非正式的制度安排，鼓励或主动协调、改善和巩固与周边相连接成员的关系，从而减少价值创造过程中的摩擦和冲突。治理模式一方面可以促进伙伴之间资源的整合与协调，鼓励伙伴进行价值创新，提高系统运行效率；另一方面可以减少伙伴之间的机会主义行为，维持交易专有性的投资，降低风险和互动的成本，以确保价值的获取和分配。高水平的治理模式可以提高伙伴进行专用性资产的投资，促进伙伴集群专业化的发展，有利于扩大共有价值创造，促进价值的最大化实现。平台生态系统的治理模式包括正式治理机制和非正式治理机制。正式治理机制以契约为主，也包括为了合作所设立的正式的组织制度，是独立于个人和关系的操作机制，明确地表明所期望的结果或行为。正式治理机制包括设立目标、书面合约、行为与绩效监控系统等机制。非正式治理机制是指社会性控制与信任等深度关系治理，是以非正式的文化与系统来影响成员，并以自我规范作为治理机制的基础。非正式治理机制产生作用的前提是伙伴成员能决定自己的行为，进行自我调适，如关系治理，包括信任、名声、关系弹性、信息交换与共同行动等机制的治理。

正式治理机制包括正式的组织机制、治理结构、契约等，具体来说可以分为资产治理和契约治理。资产治理是通过资产互相抵押的方式限制对方，捆绑利益，比如合资、连锁等；契约治理是无资产治理机制，包括研发同盟、技术或市场许可、互利贸易协定等，具体治理机制的选择可以根据交易的内容、伙伴的特征以及与伙伴之间的关系特征来决定。正式治理机制代表系统内关系建立的刚性界面或硬规则，其基础依赖正式的规制如法律、相关经济组织协议等的威力。

非正式治理机制，核心是基于信任的关系治理，不依赖于外界环境，以自我加强为主，关键是减少成员的机会主义行为，包括多种方式，比如表达善意、建立信任关系、潜在的处罚机制（如声誉损失）。

非正式治理机制实质上是对原本契约关系质量的加强，从简单的以契约方式为主的利益关系到互惠互利、共担风险、统一愿景的信任关系，成员能够自觉地调适自身的状态以配合对方的行为，机会主义行为发生的概率大大降低。通过信任关系的逐渐增强，伙伴之间会开放自己的资源、技能和知识储备进行共享，而不用担心会受到欺诈、隐瞒和背叛。而且，信任关系的加强有利于系统面对环境变化的灵活性处理，伙伴之间在刚性的契约之外经过简单的协商就能及时更改合同条款或改变战略决策，有利于伙伴关系的柔性发展。发展信任关系使竞争对手难以模仿，因为信任关系具有复杂的社会性及特质性。

综上所述，平台生态系统的治理机制通过加深关系的广度和深度进一步保障、改善和促进平台生态系统内的交易以及系统成员间的信任关系，对平台生态系统价值的实现具有动力作用[46]。

第4章　平台生态系统价值创造的动力机制：治理模式

由前文分析可知，平台生态系统治理的目的是建立自我驱动性质的治理模式，而不是第三方激励。治理模式是平台生态系统价值创造的动力机制，通过正式和非正式的治理机制实现与系统内成员之间协调关系的巩固和改善，减少价值创造过程中的摩擦和冲突，促进价值的最大化实现与公平分配。

4.1　治理模式与价值创造

"治理"一词最早起源于法国的政府管理领域，具有"引导和规则化"的内涵。从政治学领域来讲，治理可以被看作政府的行为方式，以及通过某些途径用以调节政府行动的机制。目前，治理理论已经成为公共行政管理领域的重要基础与研究内容。针对治理问题的研究总体上可以分为两个方面的内容：一是从宏观治理的角度出发；二是从微观治理的角度考虑。前者作为公共管理领域的研究内容，主要在于不仅要打破传统将国家作为单一权威体的治理模式，而且更加强调通过建立国家与社会二者间的关系，解决社会中的危机问题。后者则从微观的角度出发，更多地被应用到公司治理的相关领域，通过治理模式的研究，解决企业内部、外部多主体间的激励相容问题[47]。

伴随经济发展、市场变化、技术演进，价值链的分离与整合在不同空间尺度中上演。诸如平台生态系统的价值链形态与组织形态随着其变革的过程而发生变化，相应地，其治理模式也随之改变。分析平台生态系统价值创造的治理机制就是分析平台生态系统不同价值链形态的治理模式。杰瑞菲在其开拓性的文章中，定义价值链治理为价值链中权力拥有者或某些机制，协调和组织各环节的价值创造活动。价值链是由相互联系的各环节组成的，其中某些成员或者某些机制，负责对各环节进行统一的组织和协调，保证价值链的功能得以顺利实现，这就形成了价值链不同发展程度和类型的治理结构。价值链治理主要根据各个环节的权力关系分为四种类型：层级型、市场型、半层级型、网络型。层级型治理模式基于产权关系，价值链中的行政管理机构占据主导地位；半层级型治理模式下各个环节之间的权力较层级型相对平等些，基于非产权优势，通过制定标准、规范和行业准则来实现对整个价值创造活动的协调和组织；市场型治理模式下各环节之间是低重复性、随机、灵活、动态的市场交易，没有紧密、固定、长期的合作，完全以价格机制来协调价值创造过程，具有产品标准化程度高、定制化程度低、市场上中间产品丰富的特点；网络型治理模式下各环节之间的权力关系是平等的，包含多条价值链，环节之间呈网络关系，具有高度的灵活性和弹性，以及一定程度的稳定性，并多依赖于发达的互联网技术，同时信任机制在协调、组织价值链各环节的价值创造活动中起决定性作用[48]。

综上，平台生态系统价值链形态变迁下治理模式的发展呈网络式治理的趋势，通过协力合作、互利性的回报及社会连带基础下的信息沟通而达成多方协调，其运作逻辑关键是信任，价值链环节之间具有高度的相互依存性。具体来说，根据平台生态系统变革和价值链形态变迁的过程，其治理模式的结构也不断发生变化。初期治理双方的主体是双边市场内的参与者与平台，即平台与供方用户之间的博弈，表示为平台与供方之间的治理模式。一般来说，平台都会从多主体协同治理角度考虑，依靠平台界面控制，对平台供方的治理程度进行选择。平台治理的程度在一定意义上决定了允许供应商进入平台生态系统的门槛及其参与平台产品交易和架构创新活动的程度。治理较松，意味着平台参与者进入的门槛较低，参与交易和创新活动的程度较高。之后，政府会介入平台市场的管制，一定程度上影响平台生态系统进行价值创造。此时，治理模式面临平台与政府之间的博弈。因此，根据治理模式主体的结构变化，本书选择演化博弈的方法，建立博弈主体的收益函数，对平台生态系统价值链形态变迁中网络型治理模式结构主体的博弈过程进行分析。

4.2　治理主体与相关利益群体的博弈研究

4.2.1　核心平台与供应商的博弈分析

平台在构建初期需要通过吸引用户来实现网络效应，因此在卖方（供应商）进入门槛上并没有过多的要求，也没有设置关于商品的质量、信誉等方面的审核制度，很多卖方会利用平台的监管不足进行虚假交易、网上欺诈、发布虚假广告等违法行为。因此，本书首先结合平台发展初期无政府管制的特征，根据相关利益群体构建"平台-供应商"的演化博弈模型，并分析相应的参数和变量，继而通过复制动态方程的建立推演出演化稳定策略，分析平台与供应商的博弈关系，提出行之有效的治理方法与策略，保证平台和供应商进行价值创造的利益共同体的长期发展。其中，平台指连接用户和供应商的中介服务商，平台并不直接参与交易，但是会通过补贴策略等措施来促进或控制双边的交易，供应商指在平台上从事提供产品或服务的企业或个人。

（1）"平台"与"供应商"的博弈主体研究

根据平台生态系统的演化过程，初期平台上供应商的监管只依靠平台自身来进行，为了保证用户数量的增长，平台会倾向于优先保证用户的利益，在某种程度上压低供应商的收益，因此，平台与供应商既是利益共同体，共同参与价值创造的过程，但同时也存在博弈关系。平台企业对于其所构建的双边市场的监管治理无法保持完全第三方的身份，其从自身利益出发，采取相应的对策，做出"积极治理、消极治理"的选择。平台上的供应商则可以选择"违规、守规"，两者演化博弈策略组合见表4-1。

表4-1 平台与供应商演化博弈策略组合

		供应商	
		违规	守规
平台	积极治理	积极治理，违规	积极治理，守规
	消极治理	消极治理，违规	消极治理，守规

这里的规则是指平台初期对于双边卖方和买方所采取的不同政策和态度，违规既包括供应商违反相关的规定，也代表供应商在一定程度上并不认同平台对于双边不同的待遇。在这一博弈问题中，平台与供应商之间存在下列关系：

① 在平台供应商采取"违规"的策略时，一旦得逞就会获得数量较大的非正常额外收益，甚至可能获得平台的补贴，这正是供应商会冒险选择违规行为的原因；如果隐瞒失败被平台发现，可能会被处以大量罚金甚至法律的制裁，会对企业的形象、名誉造成损失，也会面临被从平台中清理出去的可能。

② 在平台供应商采取"守规"的策略时，供应商所获得的收益是固定的，此时，如果平台采取"积极治理"的策略，那么供应商因为"守规"可能获得平台的补贴；如果平台采取的是"消极治理"的策略，那么供应商的"守规"行为可能会被平台忽视，供应商仅能依靠自身获取收益。

③ 在平台选择"积极治理"的策略时，平台必然会进行人力、物力、技术、资源等方面的成本投入，但是，平台开展治理工作，能够树立良好的形象，吸引更多的用户，从而获得利益的提升。

④ 在平台采取"消极治理"的策略时，治理不及时、不妥善很容易间接造成不法行为的出现，直接影响平台的形象，面临用户的流失，平台会处于失信于人的窘境，因此，平台消极治理不仅会造成经济损

失，严重的会面临停业整改以及罚款等法律制裁。

综上所述，平台与供应商由于受互联网虚拟性的局限，信息不对称和有限理性很难在一次博弈中就找到利益最大化的策略组合，特别是在平台企业的发展初期，平台与供应商之间除了有冲突外，二者更具备较强的利益共同体关系。因此，平台与供应商的实际博弈过程不可能一次性完成，而是需要在发展的过程中通过不断的"试错"，在各个阶段采取不同的博弈策略，即确定不同的治理策略，从而根据自身利益作出相应的决策调整。这样，经过平台与供应商不断的博弈，两者能够在发展的过程中根据实际状况逐步完善策略组合，博弈结果才会逐渐趋向于帕累托最优均衡。

（2）"平台-供应商"演化博弈的模型假设

本章首先将演化博弈模型引入"平台-供应商"的治理博弈问题中，考虑到现实中博弈双方的完全理性难以达到，策略的选择往往是不断学习和调整的结果，因此，基于有限理性来探究平台与供应商长期性和动态性的博弈过程。本章在进行演化博弈分析的过程中拟进行如下几点假设：

博弈主体假设：在这一演化博弈问题研究中，参与的主体是平台企业所提供的平台及平台上的供应商。平台的主要职责在于提供平台服务、制定相关规范、吸引双边用户，而并不真正参与到交易当中，具有一定的独立性，如淘宝网平台、滴滴出行平台等。平台上的供应商则依托平台提供的服务，借助平台从事商品或服务的相关交易活动，是企业或个人。

主体行为假设：在演化博弈模型中，平台及平台上的供应商被认为是两个有限理性的博弈方。在博弈的过程中，二者面临不同的策略选择方案。本书将平台的策略方案定义为"积极治理""消极治理"，将供应商的策略方案定义为"守规""违规"。平台在选择"积极治理"策略时，可能会带来技术成本、人工成本、管理成本的资源消耗，但可能从间接方面树立良好的平台形象，进而吸引更多的用户加入到平台中，从而促进平台的发展。而选择"消极治理"，虽然能在一定程度上节省成本，但可能致使平台面临信誉危机，甚至承担相应的法律责任。而供应商在选择"违规"策略时，可能获得更为丰厚的额外收益，甚至可能在平台"消极治理"时获得额外的平台倾斜性补贴，但同时也可能面临信誉度降低、罚款、闭店等问题，甚至承担相关法律责任。

信息情况假设：受信息不完全性的限制，博弈双方在博弈的过程中都无法获知另一方的行动策略。而博弈双方又都具有有限理性的特性，因而博弈的最优策略无法在一开始的时候便形成，往往需要经过长期、反复的学习与摸索。针对平台对供应商的治理博弈问题，本书拟将治理过程中所涉及的信息技术手段、治理人员意识、治理制度实施的强硬程度等因素，融入演化博弈模型，以提高模型的拟合度。因此，在进行信息情况假设时，针对供应商的收益函数、平台的收益函数进行如下相关假设：

① 供应商收益函数的假设。

第一，假设供应商在一定时期内不违规，以正常的单价出售正牌产品所获得的收益是 Q（Q>0）；违规的供应商通常以正牌产品的价格销售假冒伪劣产品，或是以大大低于正牌产品的价格吸引大量消费者，这种通过违法投机手段所获得的额外收益为 Q^*（$Q^*>0$）。

第二，平台发展初期，外部往往缺少相关的管理条例，主要依靠平台建立的内部规则和用户社群自治来维护平台的市场运行，对于守法的供应商或是违反相关规则但是没有被查出来的供应商，平台会通过公示提高供应商的声誉水平和信用级别，起到示范的作用，并将由其所带来的一系列正效用定义为 W。

第三，一方面，如果供应商违反相关的法律规定、市场交易规则，以大大低于正品的价位售卖假冒伪劣产品，就会因为价格低而吸引大量的消费者，用户数量越多，其所获得的额外收益 Q^* 越大，造成的违法影响越大，一旦平台实行积极治理策略，违规行为就越容易被发现，那么供应商就可能面临来自信用度、企业形象、罚金、法律制裁等方面的一系列损失 L，Q^* 和 L 都受用户数量 η 的影响，$Q^*=Q^*(η)$，$L=L(η)$，即 $\frac{\partial L(η)}{\partial η}>0$，$\frac{\partial Q^*(η)}{\partial η}>0$；另一方面，如果平台建立的规章制度过于向消费者倾斜，供应商并不赞同，则会有供应商"反抗"，结果可能是平台修改相关的规则，这种情况下供应商依然会得到额外收益，也可能是平台并不接受供应商的反对意见，供应商可能会受到平台相应的惩罚。

② 平台的收益函数假设。

第一，一般来讲，平台通过为买卖双方提供服务，吸引双边用户参与到平台中，并从中获取利益。虽然平台不直接参与到经济交易活动中，但对平台的交易具有最基本的监督、管理义务及责任，这也是平台能够保持良性、长久发展的基本要求。通过对现有文献进行梳理可以发现，以往的研究将治理主体的收益影响因素分成两个方面：一方面是与平台治理直接相关的因素，如治理的相关技术、治理态度、治理意识、治理人力、业务培训、规章制度等；另一方面是与平台治理间接相关的因素，如社会信用体系对平台治理的影响程度。同时，本书结合平台发展的实际情况，发现平台建立的制度也是随平台的发展而不断更新完善的，诸如在平台构建初期，为了吸引用户，追求网络效应，供应商进入平台的相关审核并不完善，进入门槛很低，随着平台的不断发展壮大，逐渐增设了较为严格的审核机制，可见制度的强硬程度对于供应商的违规也存在一定的影响。因此，在总结以上多项影响因素基础上，根据平台自身的具体情况，采用具有代表性的单变量函数。

第二，假设平台消极治理投入的人力、物力等各种资源所形成的成本为 C，积极治理情况下必将投入更多的人力和物力的成本，设为 $C+C_1$，（$C>0$，$C_1>0$）。在平台采取消极治理的情况下，一旦供应商的违规行为被相关管理部门发现，不仅供应商会受到负面的影响，实际上平台同样会面临相似的问题，例如，市场监管部门会因为其消极态度进行相应的处罚。同时，受供应商违规问题的影响，平台的企业形象同样会受损，消费者对平台的信任度也会有所降低，而那些守规的供应商也会因此受到牵连，进而引发一系列恶性反应，这些负效益可以被表示为 S（$S>0$）。如果供应商在经营过程中没有违规问题，那么即使平台采取的是消极治理策略，也不会产生负面损失，即 S 趋近于 0。

第三，事实上，为了保证消费者权益，为消费者提供安全的交易环境，很多平台都借助自身优势为消费者提供保障方案。例如，平台会承诺一旦供应商发生违规问题，平台会与其承担连带赔偿责任，从而为消费者提供放心的交易环境。这样，如果供应商出现违规，平台则同样需要支付对消费者的赔偿，这里对于平台的损失，记为R。

（3）模型的建立与求解

根据收益的影响因素参数，整理后建立博弈双方的演化博弈收益矩阵（矩阵第三列表示平台的得益，第四列表示供应商的得益），见表4-2。

表4-2　　　　　　　　　平台与供应商的博弈收益矩阵

		供应商	
		违规	守规
平台	积极治理	$-C-C_1-R+L$，$Q+Q^*-L$	$-C-C_1$，$Q+W$
	消极治理	$-C-R-S$，$Q+Q^*+W$	$-C$，$Q+W$

在供应商的"违规""守规"策略及平台的"积极治理""消极治理"策略的矩阵关系中，无法判断收益矩阵是否具有纳什均衡解，因此，下面针对各个变量间的关系进行分析，从而找出该矩阵的均衡解。

①当$-C-C_1-R+L<-C-R-S$时，也就是在供应商出现违规经营时，平台采取消极治理的收益大于积极治理的收益。经过化简可知：$S+L<C_1$。也就是说，供应商因违规交易被发现后所承受的利益损失L与平台整体性损失S之和（S+L）要小于平台在进行积极治理时所投入的新的成本C_1。通俗来讲就是，供应商违规被发现后给供应商及平台带来的总体损失要小于积极治理所投入的新的治理成本。在这种情况下，平台就会选择"消极治理"策略，因为积极治理所需要付出的成本要高于违规所带来的负面损失。供应商则会选择"违规"策略，因为在平台消极治理的情况下，供应商不仅能够享受因"违规"而带来的经济暴利，同时由于其违规问题不会被平台所发现，这样又能从平台处获得高信用示范效用等额外利益，此时，供应商必然会选择实施违规行为，因此，博弈收益矩阵的唯一均衡解就是｛消极治理，违规｝。

然而，在现实情况中，这种策略组合几乎不会出现，因为平台具有一定的集体理性，其具备的网络效应特征决定其发展必然以用户规模为基础，供应商的违规行为一旦被用户举报，那么从平台所处的特殊位置考虑到其特殊的社会影响，为了能够继续维持平台的用户数量基础，不可能放任平台上的供应商的违规行为肆意蔓延。

②当 $-C-C_1-R+L > -C-R-S$ 时，即供应商违规经营时，平台采取积极治理的收益大于消极治理的收益。经过化简后可知：$S+L > C_1$。也就是说，针对供应商违规问题，当平台采取积极治理策略所投入的人力、物力等成本 C_1 要小于供应商违规被举报后给自身及平台带来的损失之和（$S+L$）。此时，平台可以选择进行积极治理，因为治理投入的成本要小于消极治理引发的损失。而对于供应商的策略选择问题，则需要对供应商收益函数进行深入讨论。

根据表4-2，供应商收益函数在 {积极治理，违规} 时为 $Q+Q^*-L$，在 {消极治理，违规} 时为 $Q+Q^*+W$，在守规时，无论积极治理还是消极治理均为 $Q+W$。在这三个收益函数中，由于变量 Q、Q^*、W、L 均为正数，因此 $Q+Q^*+W$ 恒大于 $Q+Q^*-L$，同时 $Q+Q^*+W$ 也恒大于 $Q+W$。在此仅需对 $Q+Q^*-L$、$Q+W$ 两者之间的大小进行分析讨论。

第一，$Q+Q^*+W > Q+Q^*-L > Q+W$，即供应商在平台积极治理的情况下依旧选择违规行为时的收益高于供应商守规时的收益，化简可得：$Q^*+W > Q^*-L > W$。也就是说，供应商违规经营而未被发现时所获得的额外利益 Q^* 与因违规经营而被发现后带来的损失 L 之差要大于在守规交易时所获得的来自平台、消费者的额外效用 W。通俗来讲，供应商在违规经营下所获得的额外收益要远高于因平台积极治理而对供应商违规经营的处罚。在这种情况下，矩阵存在唯一的纳什均衡解为 {积极治理，违规}，而在实际治理过程中，这种情况是不会存在的。平台本身的性质决定了平台的集体理性，因此平台不会允许供应商持续违规经营，平台往往在发现违规经营后，会对供应商给予经济处罚甚至要求闭店。同时，一旦消费者发现供应商的违规现象，会造成用户的大量流失，也直接影响到供应商的收益甚至会面临倒闭的风险。因此，在平台进行积极治理时，不会出现供应商仍然选择违规策略的情况。

第二，$Q+Q^*+W > Q+W > Q+Q^*-L$，即 $Q^*+W > W > Q^*-L$，即供应商在守规交易时所获得的来自平台、消费者的额外收益 W 大于其违规所赚得

的额外收益 Q^* 与罚金、声誉影响等一系列的损失 L 之差。这种情况在现实生活中可能存在，原因在于供应商在平台消极治理时其违规行为带来的额外收益最大。但一旦平台采取积极治理策略，供应商所付出的代价也非常大，从而造成此时的总体收益最小。供应商在守规时的收益维持在二者之中。这与实际情况相符，那么在这种情况下，平台的消极治理、积极治理直接影响到供应商的收益情况，因此供应商与平台之间便形成了博弈关系，此时无纳什均衡解。本书对这种情况也进行了深入研究，从而得到参照性、操作性强的结果。

（4）演化博弈模型稳定状态分析

经过模型构建阶段的分析可知，当平台收益函数存在 $-C-C_1-R+L > -C-R-S$ 关系时，即供应商违规经营时平台采取积极治理的收益要大于消极治理的收益；同时，当供应商收益函数存在 $Q+Q^*+W > Q+W > Q+Q^*-L$ 关系时，即供应商在平台消极治理时其违规行为带来的额外收益最大，而一旦平台采取积极治理策略，供应商总体收益就会最小。在这种情况下，就需要对二者的博弈关系进行深入讨论：假设平台有 x 概率会选择"积极治理"策略，则选择"消极治理"策略的概率就是 $1-x$；假设供应商选择"违规"的概率为 y，那么选择"守规"策略的概率就是 $1-y$。同时，用 E_{t1}，E_{t2}，$\bar{E}_1$ 分别代表平台选择"积极治理"和"消极治理"策略的期望收益与平均收益，则有：

$E_{t1}=y\,(-C-C_1-R+L) + (1-y)\,(-C-C_1) =y\,(L-R) + (-C-C_1)$

$E_{t2}=y\,(-C-R-S) + (1-y)\,(-C) =y\,(-R-S) + (-C)$

$\bar{E}_1=xE_{t1}+ (1-x)\,E_{t2}$

建立平台选择治理策略的复制动态方程为：

$$F\,(x) =\frac{dx}{dt}=x\,(E_{t1}-\bar{E}_1) =x\,(1-x)\,[\,(L+S)\,y-C_1]\qquad(4-1)$$

供应商一方，用 E_{t3}，E_{t4}，E_2 分别代表其选择"违规"和"守规"策略的期望收益与平均收益，则有：

$E_{t3}=x\,(Q+Q^*-L) + (1-x)\,(Q+Q^*+W) = (-L-W)\,x+(Q+Q^*+W)$

$E_{t4}=x\,(Q+W) + (1-x)\,(Q+W) =Q+W$

$\bar{E}_2=yE_{t3}+ (1-y)\,E_{t4}$

　　建立供应商选择"违规"或"守规"策略的复制动态方程如下：

$$F(y) = \frac{dy}{dt} = y(E_{t3} - \bar{E}_2) = y(1-y)[(-L-W)x + Q^*] \qquad (4-2)$$

　　由动态复制方程（4-1）和（4-2）可知，该动态复制系统有平衡点（0，0），（0，1），（1，0），（1，1）。以下内容可判定这四个平衡点是否都属于进化稳定策略，进化稳定策略是指一个稳定状态必须具有抗扰动能力，也就是说，进化稳定策略的点除了本身必须是稳定均衡状态外，还必须具有这样的性质：如果 x 偏离了平衡点，动态复制仍然会使 x 回到平衡点，即进化稳定策略要求 $F(x) = 0$ 且 $\frac{dF(x)}{dx} < 0$，$\frac{dF(y)}{dy} < 0$。

　　对于平台来说：

　　对方程（4-1）求导，得到 $\frac{dF(x)}{dx} = (1-2x)[(L+S)y - C_1]$。

　　当 $y = C_1/(L+S)$ 时，$F(x) \equiv 0$，则所有平衡点都是稳定状态。

　　当 $y \neq C_1/(L+S)$ 时，令 $F(x) = 0$，得 x=0 和 x=1 是 x 的两个稳定点。分析 $C_1/(L+S)$ 在不同范围下的稳定状态：

　　① 当 $C_1/(L+S) > 1$ 时，即 $C_1 > (L+S)$，$y < C_1/(L+S)$，恒有 $\frac{dF(x)}{dx}\Big|_{x=0} < 0$，$\frac{dF(x)}{dx}\Big|_{x=1} > 0$，x=0 是进化稳定策略。

　　② 当 $1 > C_1/(L+S) > 0$ 时，有如下两种情况：

　　当 $y > C_1/(L+S) > 0$ 时，$\frac{dF(x)}{dx}\Big|_{x=0} > 0$，$\frac{dF(x)}{dx}\Big|_{x=1} < 0$，x=1 是进化稳定策略；

　　当 $y < C_1/(L+S) < 1$ 时，$\frac{dF(x)}{dx}\Big|_{x=0} < 0$，$\frac{dF(x)}{dx}\Big|_{x=1} > 0$，x=0 是进化稳定策略。

　　对于供应商来说：

　　对方程（4-2）求导，得到 $\frac{dF(y)}{dy} = (1-2y)[Q^* - (L+W)x]$。

　　当 $x = Q^*/(L+W)$ 时，$F(y) \equiv 0$，则所有平衡点都是稳定状态。

当 x≠Q*/（L+W）时，令 F（y）=0，得 y=0 和 y=1 是 y 的两个稳定点。分析（Q*-W+C*）/L 在不同范围下的稳定状态：

① 当 Q*/（L+W）>1 时，即 Q*>（L+W），x<Q*/（L+W），恒有 $\dfrac{dF(y)}{dy}\Big|_{y=0}>0$，$\dfrac{dF(y)}{dy}\Big|_{y=1}<0$，y=1 是进化稳定策略。

② 当 1>Q*/（L+W）>0 时，有如下两种情况：

当 x>Q*/（L+W），$\dfrac{dF(y)}{dy}\Big|_{y=0}<0$，$\dfrac{dF(y)}{dy}\Big|_{y=1}>0$，y=0 是进化稳定策略；

当 x<Q*/（L+W），$\dfrac{dF(y)}{dy}\Big|_{y=0}>0$，$\dfrac{dF(y)}{dy}\Big|_{y=1}<0$，y=1 是进化稳定策略。

根据上述分析共得到四个平衡点：（0，0），（0，1），（1，1），（1，0）。长期的博弈过程是平台与供应商根据对方的策略选择自己的应对策略，在 {积极治理，消极治理}，{违规，守规} 的策略组合中总结不同组合下自己的收益情况，学习能够提高自己收益的策略，并进行不断的调整，直到双方在平衡点处达到稳定状态。可以用坐标平面图表示平台与供应商的博弈复制动态关系和稳定状态，如图4-1所示。

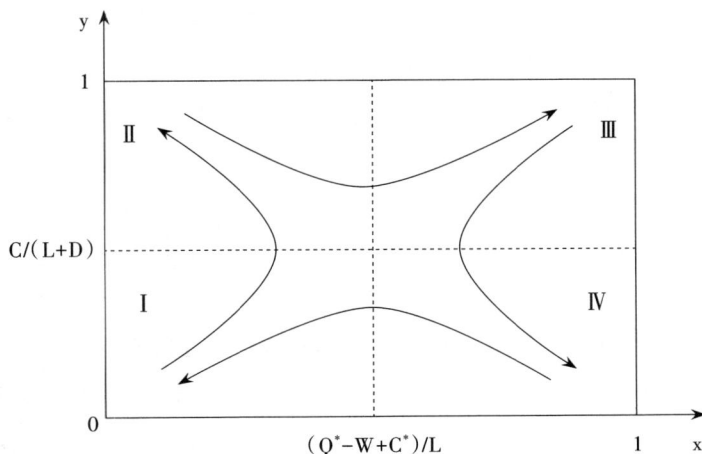

图4-1　平台与供应商动态演化图

由图4-1可知，在非对称演化博弈模型中，双方的初始状态不同会得到不同的稳定状态：

① 当初始状态落在第 I 象限时，(x，y)∈{［0，$Q^*/$（L+W）］，［0，$C_1/$（L+S）］}，该博弈收敛于平衡点 x=0，y=1，即{消极治理，违规}是博弈双方经过博弈之后的最终选择。

② 当初始状态落在第 II 象限时，(x，y)∈{0，［$Q^*/$（L+W）］，［$C_1/$（L+S）］，1}，该博弈收敛于平衡点 x=1，y=1，即{积极治理，违规}是博弈双方经过博弈之后的最终选择。

③ 当初始状态落在第 III 象限时，(x，y)∈{［$Q^*/$（L+W），1］，［$C_1/$（L+S），1］}，该博弈收敛于平衡点 x=1，y=0，即{积极治理，守规}是博弈双方经过博弈之后的最终选择。

④ 当初始状态落在第 IV 象限时，(x，y)∈{［$Q^*/$（L+W），1］，［0，$C_1/$（L+S）］}，该博弈收敛于平衡点 x=0，y=0，即{消极治理，守规}是博弈双方经过博弈之后的最终选择。

（5）"平台-供应商"演化博弈的总结

经过分析"平台-供应商"的演化博弈过程，可知平台与供应商的博弈将随着模型中参数值范围的变化而出现不同的稳定策略，进而可以得到如下结论：

① 当 $C_1/$（L+S）>1 时，即 C_1>S+L，x=0 是动态复制系统平衡点。这说明，平台因采取积极治理策略而在技术、人力、财力、物力等方面的投入成本 C_1 要高于平台消极治理时受供应商影响带来的公众批评、名誉受损、用户流失等所造成的损失 S 与供应商因违规交易对自身造成的各类损失 L 之和。这也就意味着，当平台采取消极治理策略时其可能遭受的损失之和要比采取积极治理措施投入的成本要低。因而，平台仍会选择"消极治理"的策略。这种情况一般发生在平台构建初期，政府、社会以及消费者对于平台的特征属性和发展模式还没有深入了解，尚未建立和制定相关的治理机制和政策，同时，平台本身为了早日实现网络效应，会大规模地招揽商家进入平台，在这种情况下，由于进入门槛低，相关审核机制不完善，难免会有鱼龙混杂的现象出现，一些供应商不仅不用怕违规行为被查处，而且可以得到平台为吸引其加入所设立的

补贴和相关宣传所带来的收入，所以此时的供应商肯定会选择｛违规｝策略。因此，平台构建初期出现的问题如果没有得到足够的重视，往往会形成未来发展的隐患，不利于维持健康的市场环境，一旦问题被发现，对平台也会造成不利影响。

在实际的管理过程中，为了扭转这一情况，杜绝在平台构建初期埋下供应商违规交易的风险，平台应在进行市场推广吸引平台双边用户的同时，加强对供应商"入网"的审查，从源头上保证"入网"供应商的质量。一般来讲，可以通过多种方式进行平台初期的审查工作：第一，利用信息技术提升对供应商的甄选手段。平台在建设初期不仅要进行市场推广等工作，更应该在平台建设过程中注意加强信息技术的应用，在平台软件功能开发的过程中，引入信息监管机制，利用大数据分析、信息检索、人工智能等技术加强对平台用户的准入监管。例如，滴滴出行平台在吸引私家车注册的过程中，通过图像识别等技术筛选车辆、司机等信息。第二，发挥用户社群的监督作用。平台可以通过加强平台交易诚信系统方面的建设，一方面吸引更多用户参与到供应商的评价体系中，加大违规行为披露的力度；另一方面借助平台自身建立的评价体系对供应商的资质进行审核，从而避免违规供应商重复注册。

②当 $Q^*/(L+W)>1$ 时，即 $Q^*-L>W$，演化博弈模型的稳定策略为 $y=1$。这表明，供应商用违规、投机手段进行交易活动所赚取的额外收益 Q^* 减掉供应商因违规行为被发现后所要应对的罚金、形象受损、信用下降乃至法律追究等损失 L 之后的值仍然大于供应商合法经营所获得的平台资金、声誉提升方面的奖励补贴 W。此时，供应商违规交易行为尽管可能会被发现，但因为违规行为而带来的额外收益足够大，在利欲熏心的驱使下，即使平台可能采取积极治理的策略，此时供应商仍然会选择"违规"策略。

根据上文中得到的 $Q^*-L>W$，即 $Q^*>W+L$ 可知，在平台实际的管理过程中可以从三个方面进行治理：第一，尽可能地降低供应商利用违规行为而获得的额外收益 Q^* 值。例如，平台可以通过价格监管策略，对供应商因违规行为可能获得的收益值进行控制，一旦发现该值增大的速度过快，则尽早采取相关治理措施。第二，提高平台供应商合法经营所得到的收益 W 值。通过加大市场宣传，为平台中守规的供应商提供更为合理的补贴、优惠和宣传，从而起到放大镜的作用。第三，尽量提高对违规行为的惩罚力度，即提高供应商违规行为被发现后的罚金、信用下降乃至法律制裁所造成的损失 L，这样就能够在一定程度上对供应商敲响警钟，使其放弃铤而走险的念头。同时，因为 $\frac{\partial L(\eta)}{\partial \eta} > 0$，所以在供应商出现恶劣问题还未扩大时就应介入管制，避免后期导致恶性竞争和更严重的问题出现。

③对供应商均衡解的分析。对供应商最有利的情况是最初的概论组合落在第 I 象限中，也可以通过增大第 I 象限的面积提高概论组合落在该象限的可能性。供应商可以通过一些措施将中心点向右上方移动，即变大 $C_1/(L+S)$ 的值，同时变大 $Q^*/(L+W)$ 的值，具体有如下两种措施：

第一，降低 S 或 L 的值，增大 C_1 的值。一般情况下，供应商无法减小 S 的值，为了追求违规带来的额外收益最大化，也不会降低 L 的值，而是利用网络的虚拟性、开放性等特点，掩盖违规行为，平台要想尽早发现这些违规行为就会提高监管成本 C_1。

第二，提高 Q^* 的值。供应商会通过各种违规手段来提高额外收益。

④对平台均衡解的分析。对平台最有利的情况就是最初的概论组合落在第 IV 象限，也可以通过增大第 IV 象限的面积提高概论组合落在这一象限的可能性。平台可以通过一些措施将中心点向左上方移动，即使 $C_1/(L+S)$ 的值变大，使 $Q^*/(L+W)$ 的值变小，具体措施有以下两种：

第一，降低 S 的值。通过积极治理尽量减少平台的不作为造成的消费者投诉以及违规行为所带来的负面影响。

第二，降低 Q^* 的值或增大 L 和 W 的值。平台要严格审查供应商的市场准入资格，对供应商提供的产品进行全程监督控制，从源头扼杀供应商的违规违法行为，降低供应商违规所获得的收益；同时，对违规供应商要加大惩罚，对规范经营的供应商进行宣传，提高声誉，并给予相应鼓励性补贴。

4.2.2 核心平台与政府的博弈分析

平台在完成构建之后，会发展成为具有复杂层级结构的平台企业，此时的平台系统内参与者逐渐复杂，单纯依靠平台单方面的治理难以形成和维系一定的规则制度，而且平台与系统内成员之间存在一定程度的利益关系，虽然平台是开放共享的，但是也并不完全是无利益往来的第三方，因此需要政府治理的加入。对于演化博弈主体，本书选择了平台构建阶段自治问题较多、政府治理较及时且作用较突出的平台企业——共享单车平台，同时，共享单车平台正处于平台企业的发展阶段，也是社会热点之一，选择其作为博弈主体进行研究具有较大的现实意义。

众所周知，共享经济已经频繁出现于社会经济生活中，其通过整合冗余资源，重新进行有序分配，降低了交易成本，实现了交易双方的收益最大化。共享经济最初应用于社会生活的领域是以快车、顺风车以及共享单车为代表的共享交通，这种服务形式也为共享经济积累了大量的用户基础。其中，共享单车已成为如今城市近距离交通的首选，得到了普及。但是，共享单车平台在最初的发展阶段乃至现在还存在很多问题：①盈利模式孱弱。平台企业的发展需要大规模的用户数量和高度的用户黏性，初创时期的平台几乎都会采取补贴策略来持续激发网络效应，在一定的网络效应基础上考虑如何盈利的问题。但是，共享单车平台在面临激烈竞争的环境下只能持续地圈地圈人圈钱，除了采取补贴来吸引用户，在某些一线城市，甚至出现了共享单车投放的"过饱和状态"，每台共享单车能取得的收益较原来大大降低，用户规模的快速扩张不仅没有带来可供弥补最初投入漏洞的收入，反而消耗了大量的成本，这样的恶性竞争使得平台很难"进入"盈利模式。②运营问题。迅速膨胀的共享单车平台在激烈的竞争环境下，根本无暇顾及运营维护方面出现的问题，诸如GPS定位不准确、车辆的被盗和损坏以及解锁方式被破解等都亟待解决和完善。③对公共交通的影响。共享单车各地政策的不明朗导致其占道、堵道、乱停乱放等问题影响了正常公共交通的运行。④用户安全问题。对于使用共享单车的用户，平台并没有设置进入门槛，一旦后期发生安全隐患，就缺乏行之有效的规章制度来应对。

共享单车平台所面临的这些问题，归根结底是缺乏行之有效的平台治理的规范制度以及政府相关法律法规的约束和引导。本节以演化博弈理论为基础，以"政府"和"共享单车平台"为演化博弈主体，研究政府治理背景下共享单车平台在扩大用户规模与开发盈利点之间的战略选择问题，建立政府监管与共享单车平台两种战略下的演化博弈模型，分析两者的动态演化过程以及演化的影响因素，并由此提出政策建议，旨在为平台生态系统治理模式的研究提供具有实践意义的逻辑形式和策略参考[49]。

（1）建立"政府-平台"演化博弈模型

共享单车平台有两种战略选择：一种是扩张战略，即继续追求更大规模的网络效应、吸引用户、提高资金投入、扩大投放地理范围；另一种是盈利战略，即减缓扩张速度，加强后期的运营维护并开发盈利点以期获得收益来弥补初期投入资金的空缺。政府针对共享单车平台也有两种策略选择：一种是采取积极治理的态度，颁布针对性的法律法规约束共享单车平台的行为和权利，平衡共享单车与其他公共交通的矛盾，引导共享单车平台的市场走向，监督共享单车平台的运营维护情况；另一种是选择不治理的态度，由市场自行消化和解决问题。双方博弈的策略组合见表4-3。

表4-3 　　　　　　　政府与平台演化博弈策略组合

		平台	
		扩张战略	盈利战略
政府	治理	治理，扩张战略	治理，盈利战略
	不治理	不治理，盈利战略	不治理，盈利战略

同时，政府治理和共享单车平台的发展也会受到如下因素的影响：政府对平台的资金支持、治理所需的信息技术、平台用户的素质水平等。将相关影响因素融入模型中，建立政府和共享单车平台的博弈收益矩阵，见表4-4。

表4-4 　　　　　　　　　政府与平台演化博弈收益矩阵

		平台	
		扩张战略	盈利战略
政府	治理	H−C+L，Q+Q*−L	H−C，Q+W−C*
	不治理	H−D，Q+Q*	H，Q+W−C*

其中，平台收益函数的指标意义如下：Q表示平台采取盈利策略所获得的收益。W表示平台采取盈利策略所获得的政府给予的资金补贴、优惠政策等福利。C*代表平台实施盈利策略后所要投入的后期运营和维护成本。Q*表示平台实施扩张策略所获得的收益增长。L表示平台实施扩张策略对当前问题的进一步加重所带来的损失，包括名誉损失、法律追究和政府惩罚等。Q*和L还受到平台扩张速度的影响，速度越快（越趋向于过饱和状态），所造成的损失越大，但是获得的收益增长也越高，即 $\frac{\partial L(\eta)}{\partial \eta} > 0$，$\frac{\partial Q^*(\eta)}{\partial \eta} > 0$。

政府治理的收益函数指标意义如下：D表示政府采取不治理的态度所造成的社会损失和政府的声誉影响。C表示政府对平台采取积极治理的态度需要投入的成本。政府治理还受到治理所需的信息技术研发的投入、用户的素质水平、工作人员对共享单车平台的生存发展状况以及相关特征的了解程度、工作人员的努力程度等的影响。设政府治理的信息技术研发投入为T，工作人员对平台的了解程度为R，用户的素质水平为Z，工作人员的努力程度为μ。因素T和R为努力程度μ的函数，利用微观经济学效用函数表示政府治理收益（效用）H：$H=T^{\alpha}(\mu)R^{\beta}(\mu)Z^{\gamma}$，并且 $\frac{\partial T(\mu)}{\partial \mu} > 0$，$\frac{\partial R(\mu)}{\partial \mu} > 0$，从而得到 $\frac{\partial\left[T^{\alpha}(\mu)R^{\beta}(\mu)Z^{\gamma} - C(\mu)\right]}{\partial \mu} < 0$。同时，政府治理强度的提高会影响平台实施扩张策略获得的收益增长，即 $\frac{\partial Q^*}{\partial T^{\alpha}(\mu)R^{\beta}(\mu)Z^{\gamma}} < 0$。共享单车平台的最终目标是实现收益最大化，政府则是独立于市场的完全第三方，政府对市场的约束和引导势必影响平台的利益，然而有时为了市场和社会的发展，政府对平台也会采取宽

容式的治理态度，政府的治理举措是随着平台的发展而不断变化的，同样，平台面对政府不同的治理措施也会选择不同的战略和行为来应对，两者的行为变化和策略选择构成了动态博弈的过程。

假设政府选择"治理"的概率为 x，那么"不治理"的概率为 $1-x$；共享单车平台实施扩张策略的概率为 y，那么实施盈利策略的概率为 $1-y$。E_{t1}，E_{t2}，$\bar{E}_1$ 分别表示政府选择"治理"策略与"不治理"策略的期望收益和平均收益：

$$E_{t1}=y（H-C+L）+（1-y）（H-C）=Ly+H-C$$

$$E_{t2}=y（H-D）+（1-y）H=-Dy+H$$

$$\bar{E}_1=xE_{t1}+（1-x）E_{t2}$$

构造政府"治理"的复制动态方程为：

$$F（x）=\frac{dx}{dt}=x（E_{t1}-\bar{E}_1）=x（1-x）\left[（L+D）y-C\right] \tag{4-3}$$

以此类推，E_{t3}，E_{t4}，$\bar{E}_2$ 分别表示共享单车平台实施扩张策略和盈利策略的期望收益与平均收益：

$$E_{t3}=x（Q+Q^*-L）+（1-x）（Q+Q^*）=-Lx+（Q+Q^*）$$

$$E_{t4}=x（Q+W-C^*）+（1-x）（Q+W-C^*）=Q+W-C^*$$

$$\bar{E}_2=yE_{t3}+（1-y）E_{t4}$$

构造平台选择扩张策略的复制动态方程为：

$$F（y）=\frac{dy}{dt}=y（E_{t3}-\bar{E}_2）=y（1-y）\left[-Lx+（Q^*-W+C^*）\right] \tag{4-4}$$

（2）演化博弈模型稳定状态分析

根据上述动态复制方程（4-3）和（4-4），可知该动态复制系统有四个平衡点：（0，0），（0，1），（1，0），（1，1）。以下内容可判定这四个平衡点是否都是进化稳定策略，进化稳定策略是指一个稳定状态必须具有抗扰动能力，也就是说，进化稳定策略的点除了本身必须是稳定均衡状态外，还必须具有这样的性质：如果 x 偏离了平衡点，复制动态仍然会使 x 回到平衡点，即进化稳定策略要求 $F（x）=0$ 且 $\frac{dF(x)}{dx}<0$，$\frac{dF(y)}{dy}<0$。

• 政府

对方程（4-3）求导，得 $\dfrac{dF(x)}{dx} = (1-2x)[(L+D)y-C]$。

当 y=C/（L+D）时，则 F(x) ≡ 0，那么所有平衡点都是稳定状态。

当 y≠C/（L+D）时，令 F(x)=0，得 x=0 和 x=1 是 x 的两个稳定点。分析 C/（L+D）处于不同范围内的情况：

① 当 C/（L+D）>1，即 C>（L+D）时，y<C/（L+D），恒有 $\dfrac{dF(x)}{dx}\Big|_{x=0}<0$，$\dfrac{dF(x)}{dx}\Big|_{x=1}>0$，x=0 是进化稳定策略。

② 当 1>C/（L+D）>0 时，有如下两种情况：

当 y>C/（L+D）时，$\dfrac{dF(x)}{dx}\Big|_{x=0}>0$，$\dfrac{dF(x)}{dx}\Big|_{x=1}<0$，x=1 是进化稳定策略；

当 y<C/（L+D）时，$\dfrac{dF(x)}{dx}\Big|_{x=0}<0$，$\dfrac{dF(x)}{dx}\Big|_{x=1}>0$，x=0 是进化稳定策略。

• 共享单车平台

对方程（4-4）求导，得 $\dfrac{dF(y)}{dy} = (2y-1)[Lx-(Q^*-W+C^*)]$。

当 x=（Q^*-W+C^*）/L 时，则 F(y) ≡0，那么所有平衡点都是稳定状态。

当 x≠（Q^*-W+C^*）/L 时，令 F(y)=0，得 y=0 和 y=1 是 y 的两个稳定点，分析（Q^*-W+C^*）/L 在不同范围内的情况：

①当（Q^*-W+C^*）/L>1，即 Q^*>L+W-C^*时，x<（Q^*-W+C^*）/L，恒有 $\dfrac{dF(y)}{dy}\Big|_{y=0}>0$，$\dfrac{dF(y)}{dy}\Big|_{y=1}<0$，y=1 是进化稳定策略。

②当 1>（Q^*-W+C^*）/L>0 时，有如下两种情况：

当 x>（Q^*-W+C^*）/L 时，$\dfrac{dF(y)}{dy}\Big|_{y=0}<0$，$\dfrac{dF(y)}{dy}\Big|_{y=1}>0$，y=0 是进化稳定策略；

当 x<（Q^*－W+C^*）/L时，$\dfrac{dF(y)}{dy}\Big|_{y=0}$ >0，$\dfrac{dF(y)}{dy}\Big|_{y=1}$ <0，y=1是进化稳

定策略；

③若（Q^*－W+C^*）/L<0，x>（Q^*－W+C^*）/L，$\dfrac{dF(y)}{dy}\Big|_{y=0}$ <0，$\dfrac{dF(y)}{dy}\Big|_{y=1}$

>0，所以y=0是进化稳定策略。

（3）博弈演化结果讨论

将共享单车平台和政府治理的选择策略比例分别用x和y轴表示，绘制双方比例变化组合的复制动态关系图，如图4-2所示。分析关系图可以得知：①（x，y）∈ ｛［0，（Q^*－W+C^*）/L］，［0，C/（L+D）］｝，双方博弈的结果收敛于平衡点x=0，y=1，也就是政府和平台最终会选择 ｛不治理，扩张策略｝；②（x，y）= ｛［0，（Q^*－W+C^*）/L］，［C/（L+D），1］｝，双方博弈的结果收敛于平衡点x=1，y=1，也就是政府和平台最终会选择 ｛治理，扩张策略｝；③（x，y）= ｛［（Q^*－W+C^*）/L，1］，［C/（L+D），1］｝，双方博弈的结果收敛于平衡点x=1，y=0，即政府和平台最终会选择 ｛治理，盈利策略｝；④（x，y）= ｛［（Q^*－W+C^*）/L，1］，［0，C/（L+D）］｝，双方博弈的结果收敛于平衡点x=0，y=0，即政府和平台最终的策略选择是 ｛不治理，盈利策略｝。

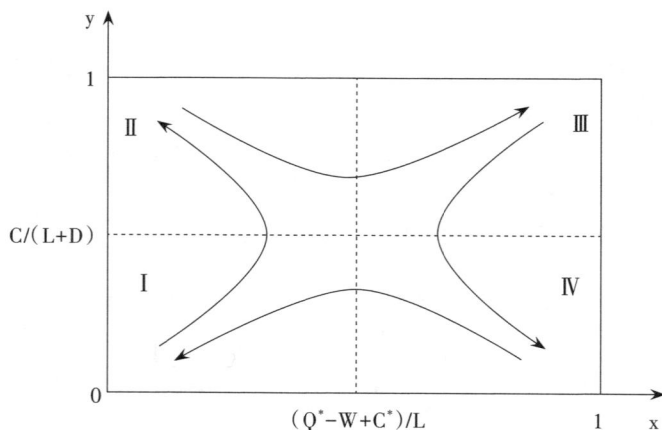

图4-2　平台与政府治理行为选择的复制动态关系图

由上述共享单车平台与政府治理行为选择的复制动态关系图可知，参数值所处的范围不同会得到不同的进化稳定策略，具体结论如下：

结论1：当 C/（L+D）>1，即 L<C-D 时，x=0 是进化稳定策略。这个结论表明，政府对平台实施积极治理策略所投入的人力、物力成本与政府不作为情况下所面临的社会损失、声誉影响等损失之差仍大于平台实施扩张战略对当前问题的进一步加重所带来的名誉损失、法律追究以及政府惩罚等负效用，在这种情况下，政府最终会选择"不治理"策略。在共享单车平台建立初期，作为一种新兴事物，政府没有先前的管理经验可以借鉴，也不了解平台的属性特征和发展规律，所以往往会造成无政府管制的初始局面，一旦平台出现的问题没有得到及时的纠正和解决，平台自身和市场无法控制问题的发展，就会使情况越来越严重，不仅会造成社会损失，也会对政府的行政能力带来不利的影响。政府应该借鉴网约车的案例，在初始阶段就应严格设置进入门槛，避免后续问题的产生，制定相关法律法规保证行业市场的规范和健康发展，具体可以根据城市人口数量和单车需求进行投放，设置专门的单车归置场所，定期检查单车的安全性能，保证用户的人身安全。

结论2：当（Q^*-W+C^*）/L>1，即 $Q^*-L>W-C^*$时，y=1 为进化稳定策略。结论表明，共享单车平台实施扩张策略所得到的收益增长与所造成的损失之差仍大于平台实施盈利策略所获得的政府的资金、优惠政策等福利补贴与投入运营维护的成本之差，在这种情况下，平台会选择实施扩张策略。对此，政府可采取以下两种应对措施：一是加大对平台实施扩张策略导致问题加重所造成社会损失的惩罚力度，因为 $\frac{\partial L(\eta)}{\partial \eta} > 0$，可以在平台实施扩张策略的初始阶段，问题尚未过于严重的时机进行官方的介入，避免后续出现更多的问题，维持市场的良性竞争和发展；二是加大对遵循规范准则、引导市场健康发展的平台的财政补贴力度和政策优惠，以树立典范。

结论3：当（Q^*-W+C^*）/L<0，即 $Q^*<W-C^*$时，y=0 为进化稳定策略。结论表明，共享单车平台实施扩张策略所获得的收益增长小于平台选择盈利策略获得的政府资金、优惠政策等福利补贴与后期运营维护成

本之差，则平台会选择实施盈利策略。这种稳定策略是实现双方共赢的一种策略，并且能够促进市场的良性循环发展。如今共享单车平台市场竞争比较激烈，各大平台企业依然致力于抢夺用户，扩大用户规模，这就会造成市场一味投资而得不到回报的恶性竞争，政府应该强制性引导平台市场将竞争核心由追求网络效应发展到挖掘用户的深度价值，开发盈利点，让用户创造价值，带来收益。基于共享单车积累的强大的用户资源数据库，进行挖掘，将业务范围从单车出行扩展到其他模式的出行服务以及生活服务领域，建立跨界经营的平台生态系统。从政府治理的角度，应该与平台建立信息共享机制和技术支持，提高政府工作人员对共享单车平台的属性特征、发展规律的认识程度，通过官方宣传提高用户的素质水平，加强政府的治理能力，共同维护共享单车平台市场的良性发展。

结论4：当 $C/(L+D)<1$，$1>(Q^*-W+C^*)/L>0$ 时，没有稳定进化策略。由图4-2可知，当政府采取积极治理所投入的人力、物力成本与政府不作为所造成的损失之差小于平台实施扩张策略所造成的进一步损失，以及平台实施扩张策略所得到的收益增长与所造成的损失之差小于平台实施盈利策略获得的政府资金与政策优惠等福利补贴与后期运营维护成本之差时，没有进化稳定策略的平衡点满足复制动态所要求的收敛功能和抗干扰能力。政府不作为造成的社会负面影响和平台实施扩张策略使问题更加严重形成的进一步损失都比较大，在无政府管制的情况下，共享单车平台企业之间的恶性竞争导致企业一味地扩张市场和扩大用户规模，只有投入没有收益，形成了很大的负效应[50]。上述演化博弈过程表明，政府治理行为以及共享单车平台在扩张策略和盈利策略之间的选择受到平台收益、后期运营维护成本、严重扩张造成的损失、扩张速度以及政府治理消耗的人力和物力成本、政府对平台的资金支持、优惠政策等福利补贴、政府工作人员对平台的认知程度和努力程度、平台用户的素质水平以及其他相关政策的影响。通过演化博弈分析，我们得到三个进化稳定策略，由此提出以下建议：首先，共享单车平台企业一味地扩张市场和扩大用户规模，造成了市场的恶性竞争，政府应进行强制性的引导，并制定相关法律法规进行约束，维持市场环境的健康和良性发展；其次，共享单车平台在初期需要形成用户安装基础，才能实现下一步的盈利和发展，为了促进平台的成长，政府应加大财政补贴和出台优惠税收政策；再次，应通过建立与平台的信息共享机制以及平台为政府提供技术支持来提高政府治理的技术水平，通过加强对政府工作人员的培训以及增加与企业交流的机会来提高工作人员对平台的认知程度，通过加大公共宣传力度来提高平台用户的素质水平；最后，针对规范用车的用户，共享单车平台应给予奖励，对有违规行为的用户进行惩罚，协调好与政府的合作治理，设置进入门槛以防范未来隐患，做好后期的运营维护工作，通过挖掘用户价值逐步开发盈利点，实现稳定永续发展[50]。

4.3　平台生态系统治理模式分析

通过以上博弈分析可知，平台生态系统在与参与主体供应商、政府进行博弈时，各个阶段所采取的治理策略有所差异，网络型治理模式的结构也不断改变，总结下来，有如下几个阶段：

4.3.1　平台自治

平台构建初期的治理模式包括平台对卖方和用户的治理以及卖方、用户内部的自组织治理。平台的治理包括对双边用户和卖方的倾斜性价格策略、进入门槛设置、排他性契约以及对双边用户违规行为的一些惩罚措施。平台内部用户和卖方的自组织治理形式则来源于商会组织，商会组织是随着市场经济的不断成熟，市场主体自发地组织起来形成的一种形式。在平台所构建的双边市场中，大型品牌商、中小企业和小卖家共同组成了产品或服务的供给方，地域差异的模糊、行业背景的相似、利益和目标的共同点使得供应方和用户在网络这个虚拟空间中聚集成社区，组成了商会联盟，共同遵守社区内部的秩序和规则。商会组织弥补了市场失灵，加快了平台双边市场中的价值流动，同时还分担了一部分政府满足社会需要所执行的职能义务。

但是奥尔森的集体行动逻辑指出，一些组织可能会在维护供应方市场声誉等区域性公共产品供给方面"搭便车",影响市场交易的公平性。作为游离在政府和市场之外的组织形式,不受政府和市场规则的约束,则必须建立自组织秩序。奥斯特罗姆将商会组织比喻为"公共池塘",研究了使用者如何自定规范进行管理,体现了在政府、市场之外自组织的力量。其逻辑是,互联网平台是需要秩序的,既然国家缺乏相关的法律规定,大部分规定都是没有系统性和配套性的政府文件,而且平台自身呈现出加速发展的特点,立法的滞后性和政府管理的随意性难以维护平台的有序发展,那么,就需要平台的用户与平台企业一起成长、自我教育,在各自的自组织群体当中自我管制,以此分担平台的部分治理责任。

具体来说,互联网的开放性、多中心性和技术特征为自组织的诞生提供了环境和技术条件,自组织通过动员、抗争等集体行为来维护社区的群体利益,通过参与平台规则的制定影响平台双边市场利益的分配,成功的自组织还会起到社区规范的作用,能够积累一定的社会资本,对行业内经济的发展起到积极的带动作用[51]。这种自组织形式是用来克服公权力的缺位和越位的,也是对制度的客观滞后性和平台飞速发展现实的直接回应,逻辑的原点是对平台上个体负责任行为的信任。这种用户自发的治理模式最为成功的案例当属"淘规则"的产生。

2009年8月17日,针对中国式经济和文化背景,淘宝网向所有的电商参与者征集淘宝网平台规则的建议,并提出了"淘规则"的方向:人性化、透明化、完善化、系统化。经过"征集建议、投票表决、全网公示、试用、实施"五个阶段,淘宝网形成了买家与卖家都接受并履行的"淘规则"以及相关的动态调整机制。同时,针对已经实施的规则,平台参与者也可以通过"我的淘宝我做主"论坛随时提出异议,便于淘宝网对不适应形势的规则进行及时的调整。"淘规则"的诞生打破了规则制定的垄断性,显示出平台自治的可行性,淘宝网作为第三方平台的价值也反映出权力分享的特点,但也保留了奖惩激励机制和追责权[51]。

"淘规则"是比较典型的平台内部自组织和平台第三方治理相结合的自治模式。可见,平台初期的自治模式除了平台内部自组织的商会联盟,主要还是以平台作为第三方建立的基本规则、信用评价体系以及调节机制等，通过技术手段和规章制度维持交易的重复进行以及成员内的合作关系。关于这种第三方治理机制的研究，青木昌彦（2011）曾提出，有效和正式的第三方机制，可以保证市场合同和产权安全性的长期稳定，扩大交易领域。早期的第三方治理是中世纪交易中的商法仲裁者，由具有一定商业地位的法官来管理合同，能够保证即使在法律范畴之外合同也能够安全有效地执行。第三方治理可以弥补某种程度上的"政府缺失"，通过自身声誉和内部规则的影响促进交易的重复进行。

然而，虽然平台作为第三方是规则的制定者和成员之间的协调者，但是平台并不是与市场内成员完全无利益纠纷的第三方，只要有利益的存在，就难免有不公平的偏见，用户自组织的治理规则即便是自发形成的，也需要客观公正的完全第三方来行使责任分担和追究等约束权。至少在平台更新换代日新月异、平台用户数量不断攀升、用户的自我教育和相互教育尚未成熟的情况下，平台这种自治模式也往往免不了震荡，平台企业单靠自治是难以形成和维系一定的规则制度的，尽管平台的开放性和主体之间的连接使平台的治理需要建立在分享、共享基础上，但是，需要强调的是，平台自治秩序以及规章制度的形成和维护是需要权威和执法的，开放和共享并不意味着权威和执法的自然产生，只有各方合力才可能形成平台自治的前提，自治在一定程度上是对平台特定发展时期无政府管制状态的回应，也是对用户参与的肯定，但是缺少政府的在场，自治难以独自承担平台治理的大任。

4.3.2　权威管理模式

传统理论认为：随着交易范围的不断扩大，社会规范要比交易者彼此之间的信任更有效，俱乐部规范和合同的实施要比社会规范更有效，法律法规的约束要比统治者保护或侵犯私有产权更有效，也就是说，治理的效果随着治理手段的正式性、强制性的加强而有所提升。平台企业市场与传统的交易市场一样，仅凭平台自治很难维持长期的交易公平性，也会有"市场失灵"的时候，所以就需要政府依靠法律法规等强制性司法手段进行约束，维持公共秩序和制度，确保平台、企业、个人利益分配的安全与明晰，保证合同的签订和执行以及公共产品的提供，从而使经济主体在交易中具有稳定预期，防止机会主义行为，保证市场的平稳发展。而且，政府对外生秩序的管制可以保证平台内部成员和用户的合法性问题，用户自组织的规范也被归为外生秩序，实现了平台自组织的内生秩序外生化以及合法化，有利于交易行为的合法性保障和稳定，以及平台企业向更高级的阶段演化。

政府针对平台企业的治理主要从以下几个方面入手：首先，政府占据治理工作的主导地位，属于传统权威式自上而下的治理，政府将职能部门的业务范围和职责扩展到互联网领域平台企业的治理当中，例如，大部分的地方政府部门都围绕中央的指导意见出台了体现地方特色的互联网管理法规；其次，政府治理的目标是规范平台企业的行业发展、正确引导市场走向和防范恶性竞争、解决平台企业出现的一些不利于社会经济发展的问题；最后，政府主要还是依赖法律法规等司法手段进行治理约束，包括对外设置"防火墙"，保证国家的信息安全，对内出台"事前业务许可制度"以设置平台的进入门槛，提高事后处理的效率，有效减少违法行为。相关治理文件尽管已经显示了对平台企业的关注，但也因滞后性和法律支持要素的程序性不足而受到质疑，单纯依靠行政执法的方式进行约束会导致治理速度和反应较慢，无法及时处理或者预防平台企业出现的新问题和新变化，因此下一步需要考虑多方共同协作治理来应对平台企业不断变化的业态。

4.3.3　多元共治

平台生态系统内成员的种类、层次越来越复杂，数量也越来越多，传统的权威管理模式和平台自治无法满足平台生态系统逐渐复杂的结构和成员的多元化发展趋势。因此，平台生态系统的治理模式既不能延续传统权威管理模式，也不能完全依赖于平台用户自组织以及平台单一治理的自治模式，而是应该将政府、平台以及社会第三方的监督力量综合起来构成多方协作的共同责任治理，即多元主体共同治理的逻辑形态。首先，这里的第三方完全独立于平台生态系统和政府，与系统内其他成员没有直接的利益关系，狭义视角下是平台企业所隶属的行业协会、网民自发组织的平台相关的网络论坛，广义视角下也包括广大民众、其他社会团体的共同监督。其次，政府的引导功能一是要充分调动社会资源对平台生态系统进行监督管理，与其他治理主体互相补充、彼此协作；二是利用行政和司法手段解决市场和平台企业无法自行解决的问题，配置多方资源解决社会力量不能协商处理的问题。多元主体共治有利于集思广益，建立多方共同认可的规范准则，维护多方的共同利益以及在规范基础上的长期治理；同时，由于规范准则是在大多数成员的共识前提下建立的，成员会自我约束、彼此监督，即使有少数成员不遵守和漠视，其他成员也会进行监督和纠正。可以说，多元化共治逻辑顺应了平台生态系统权力的分散性和主体多元化，既回应了平台系统多主体导致的权力分散化特点，也回应了多元主体责任承担的问题，这是一个多元主体参与治理规则建立的过程，关键点在于多元主体、责任和参与。

首先，多元主体共同存在于平台生态系统当中，并都承担一定的治理职责。平台的治理需要多元主体之间的相互支持，主体之间要积极沟通建立分享机制。一方面，平台企业发展过程中出现的很多问题原因就在于责任划分不清，因此，相关部门建立权力清单之前首先要建立责任清单，不厘清责任或者不以责任为基础来建立权力清单，最后权力还是会不断膨胀，进而侵蚀到平台的共享性；另一方面，平台的功能共享是相容的，但是主体之间各不相同，所以更强调各自责任的划分，在存异的基础上求同。因此，多元主体共同来促进平台治理体系的完善也是合理正当的。

其次，具有相似领域、相同分类、相近层次、相似爱好的用户容易形成一个类别。因而，平台在治理过程中也应该充分考虑平台用户的特性，分层、分类、分领域进行用户责任的划分。另外，由于平台具有共享功能，因此平台中的用户也具备互相影响力，进而放大用户的责任。在这种情况下，用户责任、供应商责任、平台责任、政府责任四者之间是逐渐递次补充的，四者分别自治是治理主体关系形成的基础条件，由此形成平台生态系统变革中价值链形态变迁下的自我责任承担，能够实现自我责任承担的方式一般通过自治和自我赋权加以实现。同时，平台为用户提供了寻找与自己意愿相同的组织的机会，而这种自组织在平台系统中的发展要依赖于每一个个体的自我责任约束力。通常来讲，这种自我责任约束力有可能源于道德约束，也可能来自法律约束。在这种自我责任约束力下，平台上的主体更加强调彼此间的妥协及参与，而并非要借助平台的公权力去解决冲突，进而形成一种各司其职、共同恪守责任的平台生态系统。

最后，由于平台系统的多元主体和共享性，参与已经成为平台治理体系建立的核心要素，选择性参与是除去政府以外其他主体的自由，政府也通过参与这个核心要素来重塑地方政府权力向权威转化的路径，形成一个参与再结构化和权威再结构化的过程，政府和主体之间的责任再分配需要彼此在参与过程中不断磨合与相互支持，平台的各个主体也都在逐渐适应这个过程。

因此，多元化共治的治理模式是多元主体选择性参与条件下用户、互补品厂商、平台与政府分层自治、递次补充的治理逻辑，具体可以通过以下几个步骤来实施：

① 加大法律制约力度，不断明晰平台生态系统治理规范方面的内容和法律责任。平台生态系统多是依附于先进的信息网络技术，市场的走向也是以技术更新为主导，技术发展的速度远远超过了法律法规的更新，所以要根据平台生态系统的变化随时更新相关的治理模式和内容，不断明晰治理主体的权利、义务和责任界限，强化平台生态系统的法律责任和平台生态系统相关参与者的法律意识。纵观国内现有的法律体系，主要针对业务许可、市场准入和运营管理等细分领域，针对平台生态系统整体各个主体的法律责任的划分还不完善，可以利用现有适用于平台生态系统的法律进行延伸，加强对平台生态系统相关问题的司法解释，明确相关法律法规在平台生态系统治理方面的认定标准和适用范围。

② 形成稳定的行业治理机制，保证行业内的良性公平竞争，促进行业健康发展。利用平台生态系统所在的行业建立行业监管机制，即通过形成行业自律，将行业内各企业进行联合，形成行业标准，进而对企业的发展与经营起到监督与促进的作用。行业自律体系是以行业所有成员的共同利益为目标、以保障行业的持续健康发展为出发点，制定的对全体行业成员具有普遍约束力的体系规范，比如通过行业自律组织，提

高平台生态系统所在行业组织的监督责任。比较典型的是大多数平台生态系统所在互联网行业的监督组织，包括著名的美国计算机协会（ACM）、国际互联网协会（ISOC）、计算机安全协会（CSI）等。

③ 引入第三方评价机构，推动平台生态系统的可持续性发展。当前社会发展过程中，各个领域、行业为了能够健康、持续地发展，都建立了第三方评价与监管机构，通过第三方起到市场调节、监督治理的目的。平台生态系统也不例外，为了能够更好地为社会提供产品、服务，同样需要建立一套有效、可靠、稳定的质量控制体制。因此，第三方机构对平台生态系统的监督与管理，能够促进平台产品的高品质与高可靠性，防止平台生态系统出现恶性竞争或投机倒把等损害公共利益的违规违法行为出现，保障平台生态系统在任何情况下的行为都满足个人道德和职业道德规范，有利于社会经济的发展。然而，在现实中这种方式难以实现，主要原因在于目前针对社会责任评估指标体系没有成熟的标准，特别是对于平台生态系统来讲，平台生态系统社会责任的衡量尽管被广泛关注，但仍然缺乏有效治理手段与依据。英国经济学家哈耶克提出，只有设置了一定的行为规则参考体系才能对某种行为和规范进行批评或改进。因而，建立有效的平台生态系统社会责任评估体系是以第三方机构视角推动平台生态系统持续发展的有效手段。

④ 不断提升平台生态系统用户的道德责任。多主体参与的平台治理，可以成为政府化解矛盾的有力工具。平台治理中，自组织治理可以在部分不涉及违法的问题上替代政府，并与政府形成良好的合作机制，推动平台多主体治理的协调与进步，在实践中积累相互协作的经验。充分调动用户参与平台治理的积极性，将单向的平台治理转变为双向互动的治理模式，有利于迅速发现问题、解决问题，将矛盾疏解于萌芽状态。在平台这一虚拟空间中，由于其开放性、高覆盖性等特征，用户可以迅速找到有共同目标的群体并逐渐壮大，形成重要节点，进而有效地引导用户参与到平台治理的过程中，推动平台生态系统的发展。

总之，根据平台生态系统变革中价值链形态的变迁，网络型治理模式也呈现不同的结构变化。其中，平台初期的价值模块主要包括的环节主体是平台与供求双方，治理模式的结构呈现平台治理和用户的自组织治理。到价值网络阶段，原有的治理模式已经无法适应平台生态系统逐渐复杂化的价值链形态，需要更为权威和具有执法性的主体加入市场进行控制。但是传统的权威治理模式并不适用于平台生态系统多元化的主体结构，滞后于价值生态系统的发展，因此，在平台生态系统阶段，治理模式演进为多元主体的共治模式，更符合价值生态系统多元化和权力分散化的趋势。可见，推进平台中政府、用户自组织、互补品厂商自组织以及平台的协同治理是实现平台生态系统网络型治理模式建设的关键。

第5章 平台生态系统价值创造的实现 机制：资源与能力

　　由前文可知，平台生态系统的用户资源以及核心平台与伙伴集合之间的协调关系是价值创造的重要特征。已有文献多是根据网络效应给平台生态系统带来的递增效益，将平台的用户规模作为平台生态系统的特殊资源以及平台竞争优势和价值创造的来源，但是忽略了平台生态系统内的关系结构，关系的性质决定了核心平台与伙伴集合之间互动的深度及广度，决定了彼此资源协同或整合的程度，并由此影响系统整体产出水平的高低。因此，在平台生态系统价值创造的过程中，核心平台处理与伙伴集合之间关系的协调能力非常重要，这种能力会直接影响系统价值的共创，这种观点更强调从动态能力理论的视角对平台生态系统的价值创造进行解释。

5.1 资源基础观下的价值创造研究

5.1.1 资源基础观研究述评

资源基础观认为，企业是各种资源的一个组合体。根据企业自身资源的组成形式，各种资源本身的差异性造成了企业竞争力的不同。因此，资源基础观主要解释企业竞争优势的来源和可持续性这两个问题：①企业竞争优势的来源：特殊的异质资源。资源基础观认为，企业获利能力的不同以及具有优势资源的企业能够获取经济租金的根本原因就是其自身资源的差异化特征。能够成为竞争优势来源的资源必须具备以下五个条件：第一，有价值；第二，稀缺；第三，无法完整地被复制；第四，不能被其他资源替代；第五，企业获取资源的价格要低于其本身的价值。②资源的不可复制决定了竞争优势的持续性。企业拥有特殊的异质性资源为企业带来了经济租金，决定了企业的竞争优势。然而，企业作为追求利润的经济个体势必受到经济利益的驱使，没有获得经济租金的企业会想方设法模仿占据优势地位的企业，最终会造成行业内企业产品/服务越来越相似，租金消失。这个结论说明企业的特殊资源是可以被仿制的，对作为竞争优势来源的特殊资源的不可复制性提出了异议。因此，持资源基础观的学者们对这个问题展开了激烈的探讨，他们最终提出至少有三个因素会阻止企业之间的互相复制：①因果关系含糊。企业的经济租金是企业各项活动整合之后的结果，由于企业所处的环境多变和企业每天动态行为的复杂性，因此很难准确得出企业的各项活动与经济租金之间的关系，即使是专业人士也无法辨别其中具体的关联。劣势企业想要完全去复制优势企业的成功路径，首先劣势企业无法确定具体需要模仿什么，摒弃什么，其次模仿之前需要高额的观察成本，越是完整仔细的观察所付出的成本代价越高，这些都是复制的障碍，最后，即使劣势企业能够完全复制并获得一定租金，也要抵消其先前所付出的高额观察成本，有可能最后所剩无几。②路径依赖性。企业获得优势资源一般都是在极其偶然或自身有一定远见的情况下，将这种优势资源加入到自身的资源组合中，最初可能并不被大家所广泛认知，也没有体现出明显的优势差异，更不会被人所模仿。随着环境和时间的变化，这种资源的优势会逐渐凸显，并成为大家争先复制的对象，在这种情况下，其他企业已经无法在偶然的情况下获取这种资源，而且这种资源的成本也无法像之前那样低廉了，因此，最初获得这种优势资源的企业就会长期获取经济租金。③模仿成本。企业的模仿行为是需要消耗时间成本和资金成本的。模仿行为的进行并不确定所需的时间长短，如果是较长时间的模仿，无法预知周边环境的变化，不能保证优势资源在长时间之后还是不是竞争优势的来源，如果优势资源在这个时间段之后不再具备价值，那么这段时间的模仿行为就是毫无用处的。在这样的前提下，大部分的企业都会选择放弃模仿行为，即使预知模仿行为所需时间较短，优势资源依然具有一定的价值，企业的模仿行为还是需要大量的资金成本，而且所耗费的资金数量无法确定，不能保证最后模仿行为所带来的收益能够抵消掉成本，所以企业依然不会选择模仿行为。

平台研究领域下的资源基础观多是用于价值创造的分析，大致分为两类：一类基于传统资源基础观的视角，认为平台一方加入市场的价值取决于另一边的数量多少。平台的声誉以及整合系统成员的能力是平台能够持续获得竞争优势的关键资源和能力[52]，决定了平台的互补企业是否愿意加入平台市场中来，平台需要通过互补企业进行资源的获取和互换。同时，传统资源基础观认为资源积累，即资产储备积累（Asset Stock Accumulation）对于持续竞争优势也具有非常重要的意义，平台的资源积累完全符合资源基础观传统定义的特征，不同平台市场中用户规模的不同代表了平台的资源差异化，这种差异化就是持续竞争优势的来源，有利于长期竞争的动态性[53]，也就是说，平台跨群组的网络效应能将双边市场网络参与者变成关键资源。另一类研究是将用户资源作为平台有价值的资源。例如，Eisenmann 等提出了平台可以利用用户规模的覆盖范围和方式来进入其他的平台市场，对平台的用户基础这一有价值资源的管理过程就可以被看成是动态能力；有学者提出如果平台质量优于现有平台，即使一个新进入者也能够吸引越来越多的用户和服务提供者，甚至可能完全占据整个平台市场；郭岚、张祥建提出只有具有较强的网络外部性的新进入竞争者才能降低需求者的转移成本，获得更多的用户支持，从而融入市场竞争体系中。网络效应能够为平台建立更丰富的用户基础，传递更多的网络价值，网络效应的正反馈机制会加速平台企业资产基础的增加，所以说，用户资源还具有自我复制性，为企业建立资源位置障碍。同时，平台生态系统的出现也颠覆了传统的认为一个企业的战略稳定性主要依赖于有价值的稀缺资源，并且对这种资源要进行排他性控制，战略成功取决于资源的不可替代性和企业战略行为的不可模仿性，资源的独特性和稀缺性就是竞争优势的重要来源的观点。事实上，关键资源或战略性资源仍然是通过撬动普通资源来实现效用发挥的[54]，在平台生态系统中，曾经被认为具有稀缺性的战略资源所产生的价值很可能会被那些相对而言没什么价值或者价值很小的资源所产生的价值超越。

5.1.2 平台用户资源与价值创造

平台生态系统在发展初期为了尽早达到用户安装基础、实现网络效应的目的，会采取低价或以免费补贴提供基础服务等策略来吸引用户，以提高用户想要转换平台时的沉没成本、机会成本和转换成本，并增加用户的黏性，之后以捆绑服务或开发增值业务等方式获取利润。再者，由直接/间接网络效应可知，用户之间也存在着关联，用户规模的大小会影响某一用户在平台上的购买力，平台一般会通过重组用户组合来获取新的利润，即"通过甲用户群吸引乙用户群加入到平台中来，并从乙用户群身上获取新的价值"，以补贴策略等鼓励制度提高用户数量，并对新用户开发增值服务以获取一定的收益。此外，不同的用户有不同的需求和支付意愿，平台可根据用户需求价格弹性进行用户分组，对不同组收取不同的费用，这样能够最大限度地攫取消费者剩余，实现长短期价值最大化。

资源基础观是平台研究的理论基础，大部分学者认为用户资源是平台获得竞争优势并实现可持续发展的首要原因。从这个角度可以说，用户基础是平台的一种特殊资源。在平台商业模式中，用户不仅是平台产品或服务的接受者和受益者，也是主动加入到产品或服务的开发创意环节中的价值创造者，用户的加入可以让产品或服务更彻底地满足用户的需求，体现用户的个性与创新。平台两端用户共同构成了价值创造的来源，创造了整个平台的价值创造生态。平台系统中其他参与方诸如互补品厂商、竞争者、供应商等以自身所拥有的独特资源和优势被平台作为差异化的补充资源加入到平台的生产服务过程中，也是价值创造的不同组成部分。例如，与互补平台合作可以向用户提供更丰富的组合产品或服务，满足用户多样化的需求；与竞争平台在价格与销量方面签订协议可以避免恶性竞争，为核心平台带来高额的收益；与供应商合作可以为平台带来及时的市场信息，促进平台产品或服务的创新。因此，平台的各边用户基础是平台价值创造以及获取收益的重要来源，用户规模既是平台生态系统演化的充分条件，也是其发展的基础，平台生态系统的演化就是不断满足用户需求的过程。

5.2 动态能力论下的价值创造研究

5.2.1 动态能力论研究述评

虽然从资源基础观视角看，资源的稀缺性、不可替代性、难以模仿性以及不完善的流动性会影响企业的竞争优势，但在平台生态系统所构建的企业互动以及互相依赖的网络环境中，关系的性质比资源的性质更有影响力，核心平台对系统内关系的协调能力是平台生态系统在快速变化的环境中通过整合、构建和重新分布进而建立起核心竞争力的一种动态能力。动态能力论和资源基础观都是从企业内部对企业价值创造和竞争优势的解释。罗珉和刘永俊运用模糊聚类分析法对过去10年间动态能力论的研究成果进行了理论分析，形成动态能力的四个维度：市场导向的感知能力、组织学习的吸收能力、社会网络的关系能力和沟通协调的整合能力[55]，平台协调能力对应动态能力维度中的社会网络的关系能力和沟通协调的整合能力。平台的兴起，使各主体更容易嵌入价值创造的网络中，通过网络位置、联结强度和合作互动来获取有价值的互补知识、信息及技术等资源，但最重要的是通过整合、学习和重构等动态能力把获得的资源内化为自己的异质性资源，并应用到平台生态系统的实际运作之中。在"互联网+"复杂多变的市场竞争环境中，核心能力"刚性"和路径依赖性问题越来越突出，价值创造者不再有永恒的核心竞争力，甚至原本对企业竞争具有重要贡献的资源也有可能变成阻碍，此时更要求核心平台具备高阶的处理系统内关系的协调能力，这也是平台生态系统不断实现价值创造的竞争优势。

5.2.2　平台协调能力与价值创造

平台是由独立于双边用户的第三方经营的一种促进三方共赢的虚拟空间，其本质是促成双边交易的独立中介，通过制定交易规范以及价格策略等推动双边用户的交易，是实现交互价值创造的调节者和促成者。平台生态系统在初始时期通过多元化的补贴策略促进双边用户规模的扩大以及双边交易的形成，在后续时期为了进一步维持整个生态系统的发展，实施开放/封闭策略对交易主体数量进行控制，保证交易的质量，这些都是平台通过中介协调能力对双边交易和收益的控制，平台如此的机制设置和补贴策略等资金投入可以使双边保持一种动态的不均衡，并驱动双边持续实现合作交易，进而推动平台生态系统的不断成长，这也是从动态能力理论和交易成本理论对平台生态系统成长的本质加以解释。用户资源和平台影响交易（合作）的行为等投入也就是平台对交易的协调能力对于平台生态系统价值创造的实现都具有重要的作用。只强调用户资源作为价值创造来源而忽视了平台中介的协调能力，则平台很难实现持续发展，很可能在进行大规模投资后，过分强调用户需求而最终无法得到回报，不得以退出市场。因此，平台的协调能力即促进和控制双边交易行为的能力，包括资金投入以及相关机制的设立也是平台生态系统价值创造得以实现的重要影响因素。

5.3　平台生态系统价值创造实现机制实证分析

根据上文的分析，结合已有文献和评价指标，本章建立平台生态系统价值创造实现机制模型，对平台生态系统的价值进行评估。

5.3.1　研究设计

根据上文的分析可知，平台生态系统价值创造的重要特征是用户资源与系统内关系结构。平台生态系统成员间关系反映了平台生态系统中的核心平台与周边成员的竞争与合作关系，平台对于关系的协调能力保证了对参与者成员结构的固化，并保持已有的价值成果和维持良好的竞合状态。资源与竞合关系的评价组合与企业生态位的理念不谋而合，企业生态位代表了企业所获取和利用的资源空间以及在行业内与其他企业之间的竞争关系。因此，本书接下来选择企业生态位对平台生态系统价值创造进行评估分析。其中，用户规模、协调能力等作为平台生态系统价值创造的实现机制，对其价值最大化的实现起到非常重要的作用，是从资源与能力的视角对平台生态系统价值创造进行分析的。因此，本章从资源与能力研究视角加入对平台生态系统价值创造有重大影响的非财务指标，建立平台生态系统价值创造实现机制模型以及价值评估的生态位指标体系并选择若干平台生态系统进行定量分析。

（1）平台生态系统的生态位属性特征

平台生态系统的生态位属性特征与传统企业有所不同，主要源于价值逻辑上的差异，平台生态系统的价值逻辑不同于传统理论对于企业价值逻辑的认知。在传统企业的价值逻辑中，顾客与企业是价值逻辑的两个主体，企业根据顾客的需要提供对应的产品或服务，同时，顾客为企业支付的货币使得企业得到价值的实现。具体来说，传统的价值创造模式主要包括内部和外部两个流程：上下游组成的产业链条以及链条上不同企业之间的分工合作共同构成了价值创造的内部流程。外部流程是指企业与客户之间的交易，供给方与需求方之间不仅包括产业链条上不同分工合作的企业，也包括企业与客户之间的分销商、中间商、渠道商，可以看出传统商业模式中产品要经过相当长的中间链条、多层利润加码，最终才会到达客户手中。因此，总是会存在要么质量好，但是价格高，要么质量不好，价格一般这两种情况，这也是供给需求不平衡、不匹配的表现。而在平台价值创造的流程中，平台是轻资产运营，其将线下资源整合到平台，并根据用户的需求进行个性化定制，借助移动互联网、移动支付、云计算、大数据等手段实现供需两端完美对接。也可以说，平台是直接连接供需双方的桥梁，省去了传统价值创造流程的诸多层级，并且提供服务以促进双边交易，顾客从这些服务中得到价值来源并通过平台的协调能力参与到企业的价值创造过程中，平台通过控制交易的规模、次数等以分成、佣金的形式获取利益，所以，平台生态系统的价值创造是以顾客、平台、供应商为主体，使需求互补的两边的交叉网络效应最大化，是平台这种中介角色的功能和价值创造的体现，而平台用来影响双边交易的补贴策略、资金投入以及各种激励和惩罚机制就是平台协调能力的具体表现。同时，由上文平台生态系统价值创造影响机制的分析，可知用户资源和平台生态系统内成员间关系是平台生态系统价值创造的重要因素，其中平台生态系统内关系用核心平台的协调能力来表示（平台用于降低交易成本的投入）。因此，在构建平台生态系统价值创造影响机制的评估体系中，将加入代表平台网络效应和平台用于控制双边交易的协调能力的因素，如此一来，可以更为明确地反映平台生态系统区别于传统企业的特征属性，符合平台生态系统价值创造的特征，而且平台的存在并不是为了自身的利润最大化，而是通过吸引参与者的加入来促进双边交易，进而促进生态系统的发展，这一点也不同于传统企业追求规模化的模式。

（2）平台生态系统的生态位属性构成

基于生态位态势理论，本书界定的企业生态位包括态势两方面："态"是指企业在过去长期发展过程中所控制的资源、形成的影响与规模等，是企业与环境相互作用的结果；"势"是企业对环境的支配力与影响力，是企业为应对之后的竞争与发展所具备的各种能力。同时，平台生态系统与传统企业不同，其具有的核心平台在整个平台生态网络中扮演着中介者的角色，具有中介协调功能，也是平台价值创造的来源之一，它既不属于"态"，也不属于"势"，生态位中的"态"作为历史过程中的资源积累，为平台的协调能力提供了基础，同时，平台的这种协调能力也促进了平台后续的发展（"势"）。因此，本书借鉴万伦来[56]的研究成果，并根据企业生态位具有多维层次性的特征，将平台生态系统价值创造评估的生态位分为三个属性层面："态"、"势"以及"态"和"势"的中间界面——平台的协调能力，如图5-1所示。

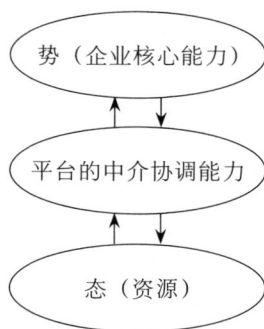

势（企业核心能力）

平台的中介协调能力

态（资源）

图5-1　平台生态系统价值创造实现机制的生态位属性构成

5.3.2　评价指标的选取

（1）评价指标体系的设计原则

在设计评价指标时，既考虑到企业各项能力评价的共同点，也加入了平台的独有特征，遵循的原则如下：

① 科学性原则。评价体系是否具有科学性是决定评价结果是否客观准确的基础。平台企业指标体系科学化原则包括准确性和完整性两个方面：准确性是指应明晰指标的内涵、适用情况、指标体系层次结构的合理性，客观地选择适合的指标进行表述，并保证指标之间的协调统一；完整性是指鉴于研究问题和研究目的，全面地评价研究对象，对重要的研究方面做到没有遗漏。

② 可操作性原则。在选取评价指标时，应该选择易懂易获得，具有实践应用价值的指标。尽量避免选择过于艰涩抽象、需要进行复杂数学推理的指标，这些指标不仅在实践中较难获得，也会加重评价分析的工作量，最后得到的结果也没有实践价值。所以，在建立评价指标体系时，要详细描述和理解每个指标体系的定义和内容，尽量用简单易懂的指标表示研究对象的某一方面，对于复杂的指标要用简单的指标进行数学表示。

③ 系统性原则。平台企业评价指标体系是由态、中介功能、势三

个属性综合组成的。每个属性又分为不同的组成部分，每个组成部分都选择一些指标来表示，这些指标既能够反映这个属性组成部分的全部意义，也具有一定的代表性，同时指标体系也不是单纯地将指标罗列和堆砌到一起，指标表示的内容彼此之间不能有重复，指标与指标之间也存在着系统关系。为了提升结果的客观性、科学性和完整性，本书将评估指标划分为生态位属性、准则层、指标层等三个层次。

④ 全面性原则。平台的演化状态受到内外部因素的共同影响，这就要求指标体系必须能够全面地表达平台的行为状态和属性特征。平台企业作为新型经济主体，势必与传统企业的演化有所不同，因此评价指标体系的建立既要能够涵盖企业演化的一些必要的典型性指标，也要充分表示出平台企业与众不同的特征，比如网络外部性以及中介协调功能等。

（2）评价指标体系的构建

按照评价指标设计原则，在颜爱民[57]、万伦来等学者的研究成果基础上，通过文献调查、理论分析、专家座谈等方法筛选出平台生态系统价值创造能力的评价指标体系：

① "态"界面的指标体系构建。有关"态"界面属性的设计指标，国内外并没有一致认可的实证和理论研究基础，本书通过借鉴已有的研究成果以及理论分析、专家座谈等方式，选择从宏观和微观两个方面进行指标的选择。

从宏观的角度出发，"态"代表着企业在过去发展过程中积累的社会影响以及市场价值：社会影响，即社会责任，具体测度指标主要采用纳税贡献率来表示，用来衡量企业运用全部净资产为国家和社会创造价值的能力；市场价值，选择总市值来测量，即资本市场对企业的青睐程度。

从微观的角度出发，"态"包括企业发展过程中所形成的规模以及拥有的异质性资源。企业规模代表着企业在历史发展过程中的积累和集聚水平，基本的要素主要是人力和物质资源，选择员工人数和总资产两个指标进行评价；异质性资源，平台不同于传统企业的最大的特征就是通过实现用户的网络效应来获得递增收益。

因此，从资源基础观的角度，张小宁等认为平台生态系统发展过程中积累的大量用户基础是平台生态系统最主要的资源，体现出平台生态系统的网络价值，因此选择用户规模作为评价指标。

② "势"界面的指标体系构建。根据生态位态势理论，"势"是为企业未来发展提供动力的能力，与企业的核心能力相似，通过梳理相关文献对企业核心竞争力评价的理论和实证研究，选择经营能力、营销能力、技术创新能力作为准则层因素，同时，由资源基础观可知，资源禀赋是资源基础观的核心，其认为企业的竞争力是由一系列有价值的资源组成的。平台企业的用户规模是其重要的优势资源，是决定平台企业进入新领域的重要动因，同时随着新进入领域的用户的加入，用户规模的扩张能够不断地螺旋式放大平台企业的优势，因此，选择用户规模的同比增长加入"势"的评价指标体系。

其中，企业经营能力，借鉴已有文献研究成果，从财务构成、扩张能力、获利能力以及偿债能力四个方面来评价。资产负债率反映企业总资产中负债的比例，用来评价财务构成。扩张能力是企业未来的发展能力，发展性好的企业能够保证收益的稳定性，故选择净资产收益率作为评价指标，同时，利润增长率和流动比率分别是获利能力和偿债能力的评价指标。营销能力是企业核心能力的一部分，市场扩大率反映企业的市场扩展能力，进一步反映了企业市场营销能力的发展程度[58]。技术创新能力是优化组织、提高组织整体性能、实现组织跃变的"革命性"因素，科研投入比率反映了企业用于研发的资金投入力度和实施技术创新的能力。用户同比增长，反映企业核心竞争力的存续水平。

③ 中间界面的指标体系构建。中间界面即平台的协调能力，这种能力可以更深层次地挖掘用户需求，并将需求传达给供应商，用户的需求不断得到满足也就意味着订单成交量的不断上涨，反映到财务数据就是交易额的增长，因此，选择交易额的同比增长来体现电商行业中平台协调能力的强弱。

结合态势与协调能力，平台生态系统价值创造实现机制的生态位评价指标体系见表5-1。

表5-1　平台生态系统价值创造实现机制的生态位评价指标体系

生态位属性	准则层	指标层
态	市场价值	总市值
	企业规模	资产总数
		员工人数
	社会影响	纳税贡献率
	网络价值	用户规模
中介	协调能力	交易额同比增长
势	经营能力	流动比率
		利润增长率
		净资产收益率
		资产负债率
	营销能力	市场扩大率
	技术创新能力	科研经费投入率
	网络价值	用户同比增长

5.3.3　平台生态系统价值创造实现机制模型的建立

（1）熵值法确定权重

用突变级数法评价指标时，同一分支，相同层次下的指标，按照权重大小进行排序，重要的指标排在前面。熵值法是评价权重相对客观并且精准的方法，本节采用熵值法确定各指标权重，并且根据权重大小进行排序。计算方法如下：

①原始数据矩阵归一化。选取n个评价对象m个指标，则x_{ij}（i = 1，2，…，n；j = 1，2，…，m）为第i个评价对象第j个指标的数值。由

于指标的计量单位不统一，所以首先对指标进行标准化处理：

正向指标：

$$x'_{ij} = \frac{x_{ij} - \min(x_{1j}, \ x_{2j}, \ \cdots, \ x_{nj})}{\max(x_{1j}, \ x_{2j}, \ \cdots, \ x_{nj}) - \min(x_{1j}, \ x_{2j}, \ \cdots, \ x_{nj})}$$

负向指标：

$$x'_{ij} = \frac{\min(x_{1j}, \ x_{2j}, \ \cdots, \ x_{nj}) - x_{ij}}{\max(x_{1j}, \ x_{2j}, \ \cdots, \ x_{nj}) - \min(x_{1j}, \ x_{2j}, \ \cdots, \ x_{nj})}$$

为方便起见，保留数据 $x'_{ij} = x_{ij}$，即归一化后的数据仍记为 x_{ij}。

②定义熵。计算第 j 项指标下第 i 个评价对象的指标权重：

$$P_{ij} = \frac{x_{ij}}{\sum_{i=1}^{n} x_{ij}}$$

计算第 j 项指标的熵值：

$$e_j = -k \sum_{i=1}^{n} p_{ij} \ln(p_{ij})$$

其中，$k > 0$，$k = 1/\ln(n)$，$e_j \geq 0$。

③熵值求权。计算指标的效用值 $g_j = 1 - e_j$，第 j 项指标的权重为：

$$W_j = \frac{g_j}{\sum_{j=1}^{m} g_j} \quad (1 \leq j \leq m)$$

（2）模型构建

突变系统模型最常见的类型有 3 种：尖点突变系统模型、燕尾突变系统模型、蝴蝶突变系统模型。尖点突变函数的归一公式为：

$$X_M = \frac{x_{p1}^{\frac{1}{2}} + x_{p2}^{\frac{1}{3}}}{2}$$

其中，X_M 表示对应 M 的生态位值 X；x_{pi} 表示 M 指标的下一级指标 pi 的生态位值 X。

类似地，对于燕尾突变函数，得归一公式：

$$X_M = \frac{x_{p1}^{\frac{1}{2}} + x_{p2}^{\frac{1}{3}} + x_{p3}^{\frac{1}{4}}}{3}$$

对于蝴蝶突变函数，得归一公式：

$$X_M = \frac{x_{p1}^{\frac{1}{2}} + x_{p2}^{\frac{1}{3}} + x_{p3}^{\frac{1}{4}} + x_{p4}^{\frac{1}{5}}}{4}$$

根据上文评价指标体系的构建，可以看到本研究中评价指标体系一级和二级下面的指标都不超过4个，满足突变级数系统每个指标下属控制变量数目不大于等于4的基本要求，所有指标之间均为互补关系，因此，选择突变级数法来建立生态位评价模型，如图5-2所示。

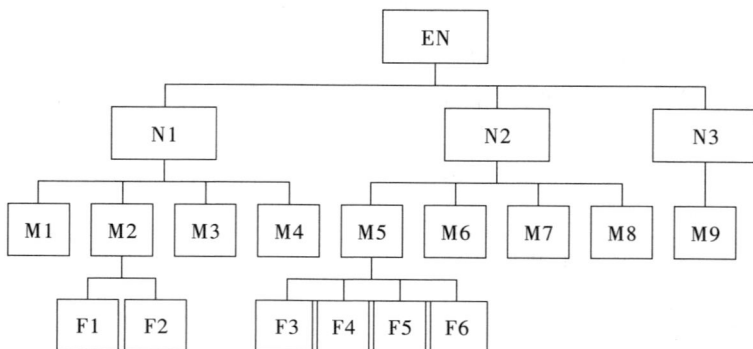

图5-2 平台生态系统价值创造实现机制的生态位评价模型

5.4 平台生态系统价值创造实现机制模型的应用

本节筛选出5家电子商务上市平台生态系统，根据电子商务行业和平台生态系统的特点以及披露的信息进行指标数据的抽取，用熵值法确定指标权重，根据权重大小进行排序，并按照突变级数法计算生态位数值，进行比较分析。

5.4.1 数据来源

根据电子商务的行业特色以及规模的大小，选取A、B、C、D、E五个发展相对成熟的平台企业。

其中，A是全球最大的零售交易平台；B在2017年"中国互联网企业100强"榜单上排名第4位；C是早期的综合性网上购物商城，2016年从纽交所退市；D主营品牌折扣商品，虽然涵盖范围较窄，但也是电商平台的早期代表；E开创了化妆品团购模式，如今全面发力于海外购市场，是极具潜力的电商平台。

其中，总市值、企业规模、纳税贡献率以及经营能力等财务指标数据来源于新浪财经、网易财经、大智慧、易观智库等财经统计网站和各大企业年报中报，时间节点为2015年6月30日。利润增长率和交易额的同比增长选择2014年中报和2015年中报数据对比。员工人数来自百度百科。

用户规模数据来源于当前拥有最庞大数量URL、排名信息发布最详尽的网站Alexa，数值取为2014年6月均值，用户规模增长率以2015年6月相对2014年6月的同比增长计算。其中，A的用户数据选择了旗下数据排名在Alexa前50的3个网站作为代表。

营销能力的测量指标——市场扩大率，笔者根据企业在电子商务行业中营收占比的变化来说明其市场份额的变化。根据艾瑞咨询《2014—2015年中国电子商务市场交易规模》，2014年一二季度交易规模为5.88万亿元，2015年一二季度交易规模为7.23万亿元。以京东为例，2014年中报显示营业收入为512.7亿元，2015年中报营业收入为825.7亿元，市场扩大率为31.03%。同理可以求得其他企业的市场扩大率。

5.4.2　评价指标权重

运用Matlab 2016进行编程，得到13个指标的相应权重数值（见表5-2）。为了保证指标权重的精准，一级指标权重保留四位小数，二级、三级指标权重均保留六位小数，由熵值法权重可加性，下级控制变量权重之和即为对应上级指标权重。根据上文评价模型对比指标权重大小进行指标在模型当中的位置标注（指标中只有资产负债率根据负向指标公式进行归一化处理，其余都按正向指标公式）。

5.4.3　评价结果与分析

根据上文构建的突变级数评价模型，对5家企业生态位进行综合评价，得出一级指标和二级指标的综合得分。5家企业的一级指标得分比较见表5-3。

表5-2　　平台生态系统价值创造实现机制模型的指标权重表

一级指标	一级指标权重	二级指标	二级指标权重	三级指标	三级指标权重
势 N2	0.4319	经营能力 M5	0.175011	流动比率 F4	0.065342
				利润增长率 F6	0.020345
				净资产收益率 F3	0.065561
				资产负债率 F5	0.023763
		营销能力 M8	0.035800	市场扩大率	0.035800
		技术创新能力 M7	0.108690	科研经费投入比率	0.108690
		网络价值增长 M6	0.112388	用户同比增长	0.112388
中介 N3	0.1345	价值传递能力 M9	0.134463	交易额的同比增长	0.134463
态 N1	0.4336	市场价值 M3	0.067883	总市值	0.067883
		企业规模 M2	0.152759	员工人数 F2	0.063569
				资产总额 F1	0.08919
		社会影响 M4	0.047177	纳税贡献率	0.047177
		网络价值 M1	0.1658381	访问网站人数	0.165831

表5-3　平台生态系统价值创造实现机制模型的突变级数综合评价结果

			A	B	C	D	E
N1			0.9899	0.5037	0.2689	0.6086	0.4577
	M1		1	0.0072	0.0024	0.0031	0.001
	M2		0.8977	0.7947	0.2133	0.4370	0.0658
		F1	1	0.3474	0.0166	0.0673	0.001
		F2	0.5031	1	0.0264	0.2321	0.001
	M3		1	0.3209	0.001	0.1475	0.0362
	M4		0.9756	0.001	0.001	1	0.813

			A	B	C	D	E
N3			0.3518	0.5417	0.001	1	0.8952
	M9		0.3518	0.5417	0.001	1	0.8952
N2			0.7471	0.7033	0.4257	0.6732	0.5984
	M5		0.8299	0.6038	0.1690	0.8483	0.8753
		F3	0.3196	0.001	0.0216	1	0.3094
		F4	0.8326	0.0815	0.001	0.103	1
		F5	0.4942	0.9829	0.001	0.7301	1
		F6	0.8819	0.7912	0.001	1	0.753
	M6		0.0217	1	0.1302	0.025	0.001
	M7		1	0.001	0.0811	0.082	0.0164
	M8		0.3243	0.4654	0.001	0.75	1
生态位			0.8908	0.8190	0.4829	0.8855	0.8306

由表5-3数据可知，A在5家企业对比中的生态位居第一位，"态"层面的评价指标对比中，A几乎完全占据第一位，"势"层面的各项评价指标对比中，A并不占优势，其中的用户规模增长率低于B。可见，A在平台初期的发展中虽然积累了大量优势资源，但是，近几年出现的假货等问题对A用户规模的增长造成了一定的影响，而且，D和E以销售正品为口号以及B日益完善、快速的物流体系，都吸引了一部分的用户加入。A的"大而全"既是它实现网络效应的一个优势，同时也是其产生质量把控难题的源头。

B虽然在生态位排名中处于第四位，但在"势"层面的排名紧随A，数值差也很小，主要原因一是B仓储物流体系完善，速度快，安装服务方便；二是B自营的商品价格透明，保证质量，用户评价客观，有参考意义，不会出现A商家购买水军的情况，因此，B近几年吸引了很多年轻消费者在网站购买家电、日用品等商品，在数据上表现为用户规模增长率指标排名第一。

D和E在态势中排名并不占优势，但是生态位综合排名靠前，究其原因，两家平台的中介协调功能都略高于其他三家平台企业，能够更好地协调和满足用户需求，保证良好的交易质量。可见，平台控制双边交易的中介协调功能对于生态系统在行业中的稳固和发展有着至关重要的作用。

C在三个一级指标以及生态位的比较中，均处于末位，究其原因，C是通过在网上销售纸质版图书起家，但是近年来纸媒的发展受互联网冲击，同样也影响到C的销售。虽然C如今已经扩大产品业务范围，但是明显竞争不过A和B等已经先入为主的企业，商品的多样性无法比拟A，物流与售后也无法追赶B，并且，C在近几年的发展过程中，只是一味地扩大，没有形成自己独特的差异化优势，显然已经无法再吸引消费者的加入。

总之，研究发现：①将平台的协调能力加入到指标体系中，体现出平台生态系统与传统企业的差异，可以更为准确客观地评价平台生态系统的价值创造；②通过对13个指标的权重分析，可以看出目前对于平台生态系统而言，协调能力、用户规模以及技术创新能力对生态系统价值创造更为重要；③A当前虽然处于生态位第一名的位置，但是在"势"的比较中，B与其不相上下，预测在未来的发展潜力上面，B将是A势均力敌的竞争对手；④D和E在协调和满足用户需求方面要强于其他三家平台企业，并且以销售正品为宗旨，吸引了相当多的女性用户，但是D和E的商品种类少，这也是其无法发展壮大的一个重要原因；⑤C在生态位的各个层次比较中均处于末位，可见其发展已经开始走下坡路，当下关键是寻找新的市场空白，重新进行平台定位。

5.4.4 评价结果的有效性验证

通过生态位态势的比较能够更为清楚全面地了解平台生态系统的综合价值，体现了平台生态系统的资源储备和关系结构，反映了生态系统的发展态势与竞争格局，与传统的企业价值财务指标评价相比较有很大的优势。表5-4是生态位评价方法与经典的依据销售收入和净资产进行企业价值评估的比较分析。

表5-4 平台生态系统价值评估的生态位与销售收入、
净资产结果比较

排序	企业生态位	销售收入	净资产
1	A	B	A
2	D	A	B
3	E	D	D
4	B	C	C
5	C	E	E

比较各企业排名及生态位指标可以发现：A无论是在生态位排名还是销售收入、净资产的排名都为前两名，稳居电商行业的第一名不容置疑；B在销售收入和净资产的排名中与A不相上下，生态位的排名却排在第四位，主要原因是其"态"层和中介协调层排名都是第三，落后于D，在对用户需求的协调和满足上，B依赖物流和售后的优势，一直停留在主要销售家电和日用品的循环中，并且随着近几年在金融等其他领域的投入，B在扩大业务范围的同时，一定程度上忽略了顾客对产品多样化以及个性化的需求。销售收入和净资产的排名显然忽略了平台的中介协调能力以及平台未来发展能力强弱的比较。同理，C在销售收入和净资产的排名中并不是末位，但是在生态位的评价中，态势以及中介协调层的比较都是末位，可见C无论是企业过去积累的资源还是未来的发展能力，抑或是其对用户需求的满足方面，都与其他样本平台存在一定差距，一旦找不到新的突破口，C很可能就此失去最佳的发展机会。

价值评估的生态位模型相比传统评价方法，能基于价值逻辑和相关理论基础筛选平台生态系统价值创造实现的重要影响因素和非财务指标，反映平台生态系统价值创造的特征，可以更为明确地揭示平台生态系统的资源空间、关系状态和发展趋势，进一步完善平台生态系统价值创造评估方面的研究内容。

第6章 研究结论与展望

　　平台生态系统通过参与主体的多边性、交叉网络外部性、用户的多归属性和服务的信息产品特性等独特的经济学特征，在市场竞争中展现出了无穷的魅力，在企业成长速度、市场渗透力、商业生态化等方面较传统企业表现出了更强大的势头，乃至对产业转型也有很强的带动效应。平台生态系统在创造更多可能性的同时，也为学术研究带来了诸多挑战。传统的企业理论无法解释平台生态系统的某些特性和行为，诸如平台共享的资源获取方式、平台生态系统价值逻辑的非线性、平台生态系统组织形态的变化、边界模糊性与治理模式等。

　　鉴于此，本书从组织变革视角出发，对比传统企业组织变革中价值链形态与平台生态系统变革过程中价值链形态以及价值创造机理的不同，进而分析平台生态系统变革视角下价值链形态的变迁以及价值创造的影响机制，包括实现机制（用户资源、协调能力）、动力机制（治理），并通过生态位评价进行证明。从理论和实证层面，结合定性和定量方法进行研究，为平台管理者观察和深入理解平台生态系统的发展规律和价值创造机制提供了新的视角和理论范式，有利于其在管理实践中制定正确的发展战略和采取更有效的策略，也为传统企业的平台化转型起到了一定的启示作用，是平台理论的补充和完善。

6.1 研究结论

本书的研究对象是平台生态系统，研究思路是以组织变革为主线将平台生态系统与传统企业组织变革过程中的价值链形态变迁以及价值创造机理进行对比分析，需要解决的核心问题是平台生态系统价值创造的影响机制。因此，第2章从价值创造、平台及平台生态系统几个方面进行相关理论介绍及文献综述。首先是价值创造的文献综述。价值来源于自然界，是在实践和认识活动中，客体是否满足主体需要的关系，它表现为客体对主体的有用性或意义。价值创造的研究视角主要有四种：一是基于生产要素视角。只要是价值的来源要素，不管主导地位如何，都是相互合作、相互配合，共同创造价值。在历史发展过程中，劳动、土地、资本、管理、技术、知识和信息，都曾经或正在充当生产价值的主要创造者。二是基于流程视角。研究如何将投入转化为对顾客有价值的产出，常用的分析方法有价值链、价值网等。价值链是波特所提出的以产品为主体所进行的研发、设计、生产、采购、制造、销售、服务等一系列实现价值的活动，也是目前被认为从企业层面进行价值创造剖析的有效框架。但是随着信息技术的发展，行业界限的逐渐模糊，传统过分强调竞争的价值链已经无法满足和适应新的市场需求与竞争局面，因此，诞生了新的概念——价值网。价值网将企业从传统线性思维扩展到网络整体性当中，与价值链的不同主要包括客户参与价值创造、网络内部互补者合作的重要性以及市场边界的模糊性。三是基于顾客视角。互联网时代，客户成为价值创造的重要元素，企业通过创造顾客价值得以实现自身价值，相关的研究主要分为两类：一类是企业为顾客提供的价值；另一类是顾客为企业提供的价值。四是基于财务视角，主要是通过财务指标对企业价值进行评估。通过对价值创造研究视角的分析，可以发现，传统的研究多是基于价值链理论、资源基础观和交易成本理论，不同的研究视角和理论基础导致了价值创造研究的多面性。需要整合理论基础、统一构成要素、规范价值内涵的解释和度量，以及使用计量实证和假设检验的定量分析。其次，本书对平台及平台生态系统的相关文献进行了综述。搜索文献的时间跨度为1996—2016年，得出平台的相关研究主要分为三个视角：第一个视角是从平台共享要素的视角出发，研究产品平台在产业中的演化，平台作为要素组合，在功能可被应用程序拓展的产品族中，可共同使用。强调资源整合与平台领导的协调是平台的竞争优势来源。第二个视角是从组织形式出发，将平台看成一种元组织，要素的不同组合模式构成了一种结构和管理的形式情境，不同情境下可以产生不同的组织形式，例如层级制、矩阵制以及网络等组织形式，相关研究主要包括平台战略以及价值逻辑视角下的平台商业模式构建。第三个视角是研究平台多边关系结构中的定价和竞争等问题。之后，本书总结了 Evans、Armstrong 等学者从双边市场类型、平台提供功能等不同角度切入的平台分类说。平台理论的研究催生了对平台生态系统的关注。对平台生态系统的定义多数以商业生态系统本质为基础，兼顾平台特征和功能。Moore（1993）最先提出商业生态系统的概念，是以合作为基础的包含顾客、市场、产品或服务、经营过程、组织、利益相关者、社会价值和政府政策八个维度的商业环境。以此为基础，Mäkinen 等提出，平台生态系统是由供应商、互补商、分销商以及（新产品）开发企业等围绕核心平台共同连接组成的，整个系统的竞争能力来源于成员企业通过共享核心平台提供产品或服务。Adner 和 Kapoor 基于平台生态系统与传统线性交易逻辑的不同，提出了全新的企业间战略互动模式，并从结构主义研究路径对生态系统这个构念进行了界定：平台生态系统是由需要相互作用的多边合作伙伴组成的结构，目的是实现核心平台企业的价值主张。

本书第3章对比了传统企业与平台生态系统组织变革和价值链的发展过程，进而提出了平台生态系统价值创造的影响机制。其中，传统的组织变革理论经历了古典组织变革理论、新古典组织变革理论和现代组织变革理论三个主要的阶段，与之相对应的组织结构形式也发生了由古典企业的小作坊式到层级制组织的变迁，层级制组织随着分权的趋势又由最初的直线职能制发展为事业部制、矩阵制等结构形式。随后，互联网信息技术的出现催生了虚拟组织，组织的变革形式也面临新的挑战。传统企业价值链理论是波特提出的，即以利润为目标的企业价值增值过程中的所有活动（采购、生产、销售、售后等）。但是，面临环境、信息技术以及大型企业逐渐外包化的趋势，价值链已然无法适用于新的形势，迫切需要新的价值理论来支撑和解释，平台由此应运而生。纵观平台生态系统的变革过程，其经历了双边平台、单一行业的平台企业、跨界发展的平台生态系统三个阶段。具体来说，双边平台主要通过连接双边用户需求，利用补贴策略获得网络效应而搭建起双边市场，并随着用户规模的不断增长，实现递增效益，发掘用户新的需求，开发出更多的业务，实现双边市场向层级结构的平台企业的转变，同时通过平台包络战略跨界发展，形成占据多个行业的网络结构的平台生态系统，其价值链形态的变迁也由最初的价值链模块化发展为平台企业所对应的价值网和平台生态系统所对应的价值生态系统。通过对比可以得出，传统的价值链与平台生态系统的价值链形态主要的不同之处在于用户资源、成员间关系的协调。具体说来，价值网与价值链的区别有三点：顾客的价值主张、成员间关系和价值链战略的演化。顾客的价值主张是指：价值网络不同于传统的以厂商资源经验或知识的单一维度来预测顾客需求的模式以及价值链的线性思维和价值活动顺序分离的机械模式，而是建立了一种以顾客为核心的价值创造体系，通过网络等信息技术可以获取顾客的反馈、评价等信息，改进并生产符合顾客个性化需求的产品或服务，以顾客订单驱动整个价值网。除了顾客的价值主张，相比传统价值链模式，价值网更注重企业协同能力、组织间信任以及伙伴关系等。可以说，价值网是企业整体实力以及关系管理能力的综合运用与检验，更强调系统内成员之间的资源互补和协调关系。价值链战略的演化是指传统价值链的成本领先、差异化和专一竞争战略不再适用于平台企业，诸如核心平台一般初期都会以"烧钱"的方式发展，这与传统的成本领先战略完全不同。价值生态系统与价值链和价值网的不同点有如下四点：边界模糊性、发现并创造顾客需求、流程非线性以及系统内关系。其中，边界模糊性是指价值生态系统跨界发展所导致的行业边界模糊甚至消失，发现并创造顾客需求是指大数据和云计算等信息技术能够长期准确地捕捉顾客的行为轨迹，从而能够得知顾客的喜好、生活习惯等，并据此进行精准推荐，不断发现甚至创造顾客的新需求，这与价值网顾客需要表达出需求信息有所不同。流程非线性是指顾客和其他栖息者具有同等地位，原始的"柜台"消失了，价值创造流程的环节被进一步分解，既定的逻辑顺序不再存在，价值生态系统为流程的非线性化"质变"提供了技术条件和组织基础。系统内关系发展为需要多方协调和治理，依然是不同于传统价值链的重要特征。根据以上理论综述和分析可知：对比传统企业价值创造，平台生态系统的用户资源以及核心平台与伙伴集合之间的协调关系是价值创造的重要特征和实现机制，同时，平台生态系统的治理机制（包括正式的组织机制和对系统关系的非正式治理机制）也是保障和促进价值实现的重要影响因素，即治理机制是平台生态系统价值创造的动力机制。

本书第 4 章探讨了平台生态系统价值创造的动力机制——治理模式。合理的治理机制能够保证伙伴成员之间的整合与协作，有利于系统内关系的进一步深化，激励系统内成员建立长期稳定的合作关系，为平台生态系统持续进行价值创造活动；反之，不合理的治理机制会导致价值分配的不公平，可能会使生态系统失去重要的成员伙伴而遭受严重的损失。所以，治理模式是价值创造过程的"催化剂"，其本质是"建立一套自我驱动，而非第三方激励的治理模式"，平台生态系统的治理模式要求系统内成员通过正式或非正式的制度安排，鼓励成员主动协调、改善和巩固与周边相连接成员的关系，从而减少价值创造过程中的摩擦和冲突，促进价值最大化的实现。根据上文分析可知，平台生态系统的价值链形态与组织形态随着其变革的过程而发生变化，相应的治理模式也随之改变。价值链是由相互联系的各环节组成的，其中某些成员或者某些机制，负责对各环节进行统一的组织和协调，保证价值链的功能得以顺利实现，这就形成了价值链不同程度和类型的治理结构。平台生态系统价值链形态变迁下治理模式的发展呈网络式治理的趋势，都是通过协力合作、互利性的回报及社会连带基础上的信息沟通而达成多方协调，其运作逻辑是信任，价值链环节之间具有高度的相互依存性。具体来说，随着平台生态系统变革和价值链形态变迁，其治理模式的结构也不断发生变化。平台生态系统初期的价值链形态中，治理模式的结构中权力主体是双边用户与平台，因此选择对平台与供方之间的治理问题进行探讨。之后，政府会介入平台市场的管制，此时治理结构的权力主体也包含政府，治理问题主要是平台与政府之间的利益与冲突。因此，本书选择演化博弈方法建立"平台－供应商""政府－平台"两个演化博弈模型，其中"平台－供应商"以电子商务领域为研究范围，"政府－平台"以平台自治问题较多、政府参与明显，也是近期社会研究的热点之一的共享单车平台领域为研究范围，构建了不同策略下的成本收益矩阵，明确核心平台与相关利益群体之间的矛盾和解决措施，并进一步概述总结出平台生态系统变革过程中治理模式的发展，即"平台自治—权威管理—多元化共治"，以及治理模式对价值创造过程的驱动作用。

本书第5章对平台生态系统价值创造的实现机制进行了研究。根据其与传统企业价值创造的对比以及平台生态系统网络效应所带来的递增效益，可知用户资源是平台生态系统价值创造的重要特征和实现的来源，这是从资源基础观的视角对平台生态系统的竞争优势进行分析。资源基础观作为平台研究重要的理论基础，大部分学者都认为用户资源是平台获得竞争优势并取得可持续发展的首要原因。从这个角度，用户基础也可以说是平台的一种特殊资源。用户不仅仅是平台产品或服务的接受者和受益者，也是主动加入到产品或服务的开发创意环节中的价值创造者，打造了整个平台的价值创造生态。但在平台生态系统所构建的企业互动以及互相依赖的网络环境中，关系的性质比资源的性质更有影响力，关系的性质决定了核心平台与伙伴集合之间互动的深度及广度，决定了彼此资源协同或整合的程度，并由此影响系统整体产出水平的高低。因此，平台对于系统内关系的协调能力也是价值创造的重要影响因素，这种观点更强调从动态能力理论的视角对平台生态系统价值创造进行解释，即平台是推动企业与用户协作以完成产品和服务的生产、实现交互价值创造的调节者和促成者，平台通过促进客户之间的直接和间接交易来创造价值。用户资源意味着供应商一旦出现拥挤效应，就需要平台的介入来维持平台生态系统的发展和价值创造的可持续性，拥挤效应有可能降低参与者的积极性，这时平台用于改善交易效率的投入，即平台作为中介的协调能力对于生态系统价值的实现似乎更为重要。同时，为了防止出现拥挤效应，平台也会采取措施抑制参与者的激增，控制双边规模，实现可持续发展和价值共创。

根据上述分析构建平台生态系统价值创造实现机制模型，并选取相关的指标和数据进行定量分析。其中，平台生态系统成员间关系反映了平台生态系统中的核心平台与周边成员的竞争与合作关系，平台对于关系的协调能力保证了对参与者成员结构的固化、已有的价值成果的保持和良好的竞合状态的维持。资源与竞合关系的评价组合与企业生态位的理念不谋而合，企业生态位代表了企业所获取和利用的资源空间以及在行业内与其他企业之间的关系。因此，接下来本章选择企业生态位的方法从资源与能力视角构建平台生态系统价值创造实现机制的模型并进行评估分析。具体的研究过程是：首先，根据企业生态位的态势属性及其具有多维层次性的特征，将平台生态系统价值创造实现机制中不同于传统企业的平台协调能力融合到企业生态位的属性结构中，分为："态"、"势"以及"态"和"势"的界面——平台的中介属性。在已有学者的研究成果基础上，遴选合适指标构建平台生态系统价值创造实现机制的生态位评价指标体系，在"态"属性中加入了平台生态系统价值创造实现机制的用户规模因素。同时，为了保证结果的客观性和精准化，本书选择熵值法确定指标权数，利用突变级数法构建价值创造实现机制的生态位评价模型。在平台生态系统的选择上，由于公开数据的平台生态系统较少，很难用传统的数据抓取的方法进行大量企业数据的下载，因此，选择比较有代表性，同时在同一行业发展较突出、数据公开详尽的5家平台生态系统，运用MATLAB进行编程，得到指标的权重数值，根据已构建的价值创造实现机制的评价模型，对5家平台生态系统进行综合评价，结论如下：①将平台生态系统的平台协调能力加入到指标体系中，体现出平台生态系统与传统企业价值创造的差异，也是平台生态系统价值创造的重要实现机制；②通过对13个指标的权重分析，可以看出目前对于平台生态系统而言，协调能力、用户规模以及技术创新能力对于企业的发展更为重要。③A当前虽然处于生态位第一名的位置，但是在"势"的比较中，B与其不相上下，预测在未来的发展潜力方面，

B将是A势均力敌的竞争对手；④D和E在协调和满足用户需求方面要强于其他三家平台企业，并且以销售正品为宗旨，吸引了相当多的女性用户，但是D和E的商品种类少，这也是其无法发展壮大的一个重要原因。⑤C在生态位的各个层次比较中均处于末位，可见其发展已经开始走下坡路，这也意味着其在平台生态系统价值创造的过程中，没有找到合适的突破口进行转型升级。⑥通过生态位评价模型与传统价值评价方法的对比可以得出，基于平台生态系统不同于传统企业价值创造的重要特征来筛选平台生态系统价值创造实现机制的评估指标，可以更为明确地反映平台生态系统当前的状态和未来的发展趋势，进一步完善平台生态系统价值评估相关的研究内容，并能够得出平台生态系统的用户规模并不是平台生态系统价值实现的决定性因素，即平台生态系统并不是用户规模越大就一定发展得越好，其价值共创的共赢结果依赖于多方因素的支持。

本书对平台生态系统的具体建议有如下几点：首先，用户规模会在短期内为平台带来一定的递增效益，平台生态系统初期要侧重于不断壮大用户安装基础，以期为之后的盈利奠定基础。但是，单纯扩张用户规模对于平台生态系统来说并不是一劳永逸的，平台要注重系统成员之间的协调作用，维持多边保持动态的不均衡，持续驱动成员之间实现合作交易，进而实现价值共创。其次，平台生态系统价值主张的挖掘要注重结合本土特色，不能一味地复制国外的成功案例。对国内客户要有精准的定位，并了解客户需求，利用本土化特征形成自身的竞争优势。最后，政府要健全平台生态系统相关的管理政策和服务体系，为平台生态系统的健康发展提供保障。

6.2　研究展望

目前平台理论和价值创造理论的研究成果逐渐丰富，但是，关于平台生态系统的价值创造研究还有待探讨，具体来说，有以下几点：①价值创造的基本单元已跨越了企业和产业边界，变为利益相关者构成的价值网络或价值生态系统，原有用于单个企业的分析框架已难以解释平台生态系统的总体价值创造。②价值创造的形态不是从供应商到企业再到顾客的线性过程，而是建立在多个伙伴构建的价值网络中多种交易关系和活动体系的复杂交互过程，并且企业成长的推动力由规模经济、范围经济转向平台经济，所以，未来研究分析单元的重点应当转向核心平台所构建的价值网络或价值生态系统，分析对象要强调网络内成员之间的相互关系所创造的关系价值和网络效应，分析内容要尽可能厘清价值创造的过程，逐步构建主流的通用研究框架。③探索更多层面的价值创造机理，从多个视角基于不同理论探索平台生态系统价值创造的影响机制。④应用多样化的实证研究方法，既要关注成熟的平台生态系统，也要留意新兴的平台企业或面临退出的平台企业，尤其是在中国经济转型升级和创新驱动发展的情境下研究不同类型的平台。

就平台生态系统这个研究对象而言，除本书选择的价值创造视角，未来也可以从以下几个方面对平台生态系统进行多层次、多方面的研究：①平台生态系统的竞争。平台生态系统中的各个参与主体与核心平台互相依赖，紧密联系，共同发展。未来将不再是企业和企业之间的竞争，而是平台生态系统之间的竞争。但是目前对于平台生态系统的构成、竞争以及动态化发展模式的研究还没有形成统一的认知，如何对平台生态系统进行有效的规制以避免单寡头垄断对市场公平性的破坏，以及如何缓解平台生态系统跨界发展对其他行业的冲击，这些问题都需要在未来进行进一步的探索。②多平台的共存发展。平台生态系统在演化过程中随时会面临更有创新性的新进平台的竞争，这种竞争有可能来自外部，也有可能双方都隶属于同一企业，诸如腾讯开发微信之后对自己已经普及的社交平台QQ造成了很大的冲击，因此对于平台提供者来说，面临新老平台发生用户重叠现象的情况，如何通过平台之间的功能差异化来实现共存也是非常重要的。③平台的资本运作。平台在建立初期由于需要吸引用户，会对双边进行持续性的补贴，需要大量的融资，成功的平台生态系统一般都有风险投资的身影，诸如滴滴打车最大的三家投资企业也是具有平台性质的成功企业——苹果、腾讯和阿里巴巴。因此，对平台的风险投资、收购、兼并等资本运作问题的研究也是值得考虑的一个方向。④共享经济的发展。平台的"模块化"和"信息技

术"显著降低了企业的设计成本和沟通成本，相比传统企业只能依赖
"生产者创新"，平台生态系统价值的双向流动催生了"用户创新"和
"开放式协作创新"，可以说，平台是共享经济实现的基础。平台共享作
为新经济最主要的特征，针对共享经济的影响因素、非营利性共享与营
利性共享的区别和联系、共享经济的社会成本评估、共享服务与传统服
务的替代、新兴业态的冲击与传统服务行业模式创新、共享经济中企业
商业模式分析都是未来应该关注的重要研究问题。⑤平台生态系统中非
核心企业的研究。现有文献对平台生态系统内部的关系多偏向于对平台
领导的研究，却忽视了平台生态系统内非核心的中小企业的力量。生态
系统的健康发展离不开非核心企业的共同努力。同时，对于平台生态系
统内中小企业的关注也符合我国现阶段"大众创业、万众创新"和"互
联网+"的发展现实，对于推动组织理论的发展有很大的意义。

参考文献

[1]   WHEELWRIGHT S C, CLARK K B. Creating project plans to focus product development [J]. Harvard Business Review, 1992, 70 (2): 70-82.

[2]   BALDWIN C, HIPPEL E V. Modeling a paradigm shift: from producer innovation to user and open collaborative innovation [J]. Social Science Electronic Publishing, 2011, 22 (6): 1399-1417.

[3]   阿里研究院. 平台经济 [M]. 北京: 机械工业出版社, 2016.

[4]   BAKER T, MINER A S, EESLEY D T. Improvising firms: bricolage, account giving and improvisational competencies in the founding process [J]. Research Policy, 2003, 32 (2): 255-276.

[5]   NAMBISAN S, BARON R A. Interactions in virtual customer environments: Implications for product support and customer relationship management [J]. Journal of Interactive Marketing, 2007, 21 (2): 42-62.

[6]   李海舰, 田跃新, 李文杰. 互联网思维与传统企业再造 [J]. 中国工业经济, 2014 (10): 135-146.

[7]   龚丽敏, 江诗松. 平台型商业生态系统战略管理研究前沿: 视角和对象 [J]. 外国经济与管理, 2016, 38 (6): 38-50.

[8]   BALDWIN C Y, CLARK K B. Modularity after the crash [R]. Harvard NOM Research Paper, 2001.

[9]   罗珉. 大型企业的模块化: 内容、意义与方法 [J]. 中国工业经济, 2005

（3）：68-75.

[10] GAWER A， CUSUMANO M A. Industry platform and ecosystem innovation［J］. Journal of Product Innovation Management，2014，31 （3）：417-433.

[11] 尹波，赵军，敖治平，等. 商业生态系统构建、治理与创新研究——以泸州老窖商业生态系统战略为例［J］. 软科学，2015（6）：46-50.

[12] 孙艳霞. 基于不同视角的企业价值创造研究综述［J］. 南开经济研究，2012（1）：145-153.

[13] 刘春生，王泽宁. 全球价值链视角下我国服务外包的定位与路径选择——基于北京市服务外包升级发展的分析［J］. 管理世界，2017（5）：172-173.

[14] 王树祥，张明玉，郭琦. 价值网络演变与企业网络结构升级［J］. 中国工业经济，2014（3）：93-106.

[15] STABELL C B，FJELDSTAD E D.Configuring value for competitive advantage：on chains，shops，and networks［J］. Strategic Management Journal，2015，19（5）：413-437.

[16] 方兴东，严峰. 浅析超级网络平台的演进及其治理困境与相关政策建议——如何破解网络时代第一治理难题［J］. 汕头大学学报（人文社会科学版），2017（7）：41-51.

[17] EVANS D S.The antitrust economics of multi-sided platform markets ［J］. Yale Journal on Regulation，2003，20（2）：325-381.

[18] ROCHET J，TIROLE J.Platform competition in two-sided markets［J］. Journal of the European Economic Association，2003，1（4）：990-1029.

[19] ARMSTRONG M.Competition in two-sided markets［J］. Rand Journal of Economics，2006，37（3）：668-691.

[20] 徐晋. 平台产业经典案例与解析［M］. 上海：上海交通大学出版社，2012.

[21] ROSON R.Two-sided markets：a tentative survey［J］. Review of Network Economics，2013，4（2）：142-160.

[22] EISENMANN T R，PARKER G，VAN A M W. Platform envelopment ［J］. Strategic Management Journal，2011（32）：1270-1285.

[23] 吴昌南. 城市晚报：定价、虚假发行量与规制政策——基于双边平台理论的视角［J］. 中国工业经济，2014（2）：109-121.

[24] 张小宁. 平台战略研究评述及展望［J］. 经济管理，2014（3）：190-199.

[25] 田洪刚，杨蕙馨. 产业链环节重塑架构下平台问题研究 [J]. 上海经济研究，2015 (6)：61-69.

[26] ADNER R.Ecosystem as structure：an actionable construct for strategy [J]. Journal of Management, 2017, 43 (1)：39-58.

[27] 齐振宏. 企业组织变革研究 [D]. 武汉：华中农业大学，2002.

[28] 李东红. 企业组织结构变革的历史、现实与未来 [J]. 清华大学学报 (哲学社会科学版)，2000 (3)：27-33.

[29] 李海舰，陈小勇. 企业无边界发展研究——基于案例的视角 [J]. 中国工业经济，2011 (6)：89-98.

[30] 迟晓英，宣国良. 价值链研究发展综述 [J]. 外国经济与管理，2000，22 (1)：25-30.

[31] EVANS D, SCHMALENSEE R.Catalyst code [M]. Boston, MA：Harvard Press, 2007.

[32] HAGIU A, DANIEL S.First-party content and coordination in two-sided market [J]. Management Science, 2013, 59 (4)：933-949.

[33] 张一进，张金松. 互联网行业平台企业发展战略研究——以淘宝网平台为例 [J]. 华东经济管理，2016，30 (6)：54-61.

[34] EVENS T.Challenging content exclusivity in network industries：the case of digital broadcasting [C] //International Telecommunications Society (ITS). Telecommunications at New Crossroads—Changing Value Configurations, User Roles, and Regulation. European Regional ITS Conference, Copenhagen, 2010：39-57.

[35] 段文奇，赵良杰，陈忠. 网络平台管理研究进展 [J]. 预测，2009，28 (6)：1-6.

[36] 邢以群，田园. 企业演化过程及影响因素探析 [J]. 浙江大学学报 (人文社会科学版)，2005，35 (4)：83-89.

[37] BALDWIN C, CLARK K.Design rules [M]. Cambridge, MA：MIT Press, 2000.

[38] 李鹏，胡汉辉. 企业到平台生态系统的跃迁：机理与路径 [J]. 科技进步与对策，2016，33 (10)：1-5.

[39] GAWER A, PHILLIPS N.Institutional work as logics shift：the case of Intel's transformation to platform leader [J]. Organization Studies, 2013, 34 (8)：1035-1071.

[40] 周利华. 网络平台演化机制研究 [D]. 金华：浙江师范大学，2013.

[41] 蔡宁，王节祥，杨大鹏. 产业融合背景下平台包络战略选择与竞争优势构

建——基于浙报传媒的案例研究 [J]. 中国工业经济，2015（5）：96-109.

[42]　孟庆红，戴晓天，李仕明. 价值网络的价值创造、锁定效应及其关系研究综述 [J]. 管理评论，2011，23（12）：139-147.

[43]　项国鹏，杨卓，罗兴武. 价值创造视角下的商业模式研究回顾与理论框架构建——基于扎根思想的编码与提炼 [J]. 外国经济与管理，2014，36（6）：32-41.

[44]　毛蕴诗，王华. 基于行业边界模糊的价值网分析模式——与价值链模式的比较 [J]. 中山大学学报（社会科学版），2008，48（1）：156-161.

[45]　金帆. 价值生态系统：云经济时代的价值创造机制 [J]. 中国工业经济，2014（4）：97-109.

[46]　刘雪梅. 联盟组合：价值创造与治理机制 [J]. 中国工业经济，2012（6）：70-82.

[47]　王世权. 试论价值创造的本原性质、内在机理与治理要义——基于利益相关者治理视角 [J]. 外国经济与管理，2010（8）：10-17.

[48]　文嫣. 价值链空间形态演变下的治理模式研究——以集成电路（IC）产业为例 [J]. 中国工业经济，2006（2）：47-53.

[49]　钟瑛，张恒山. 论互联网的共同责任治理 [J]. 华中科技大学学报（社会科学版），2014（6）：28-32.

[50]　张一进，张金松. 政府监管与共享单车平台之间的演化博弈 [J]. 统计与决策，2017（23）：64-66.

[51]　孟凡新. 共享经济模式下的网络交易市场治理：淘宝平台例证 [J]. 改革，2015（12）：104-111.

[52]　KUDE T，DIBBERN J，ARNDT J M，et al. Why do complementors participate？ an empirical analysis of the emergence of partnership networks in the enterprise application software industry [J]. Arbeitspapier，2009（2）：55-72.

[53]　SUN M，TSE E. The resource-based view of competitive advantage in two-sided markets [J]. Journal of Management Studies，2009，46（1）：45-64.

[54]　FRÉRY F，LECOCQ X，WARNIER V. Competing with ordinary resources [J]. MIT Sloan Management Review，2015（56）：69-77.

[55]　罗珉，刘永俊. 企业动态能力的理论架构与构成要素 [J]. 中国工业经济，2009（1）：75-86.

[56]　万伦来. 企业生态位及其评价方法研究 [J]. 中国软科学，2004（1）：

73-78.

[57] 颜爱民. 企业生态位评价指标及模型构建研究 [J]. 科技进步与决策，2007 (7): 156-160.

[58] 薛萌，艾菲. 互联网产业微观生态位测度研究 [J]. 西北工业大学学报 (社会科学版)，2015，35 (1): 47-51.

索引